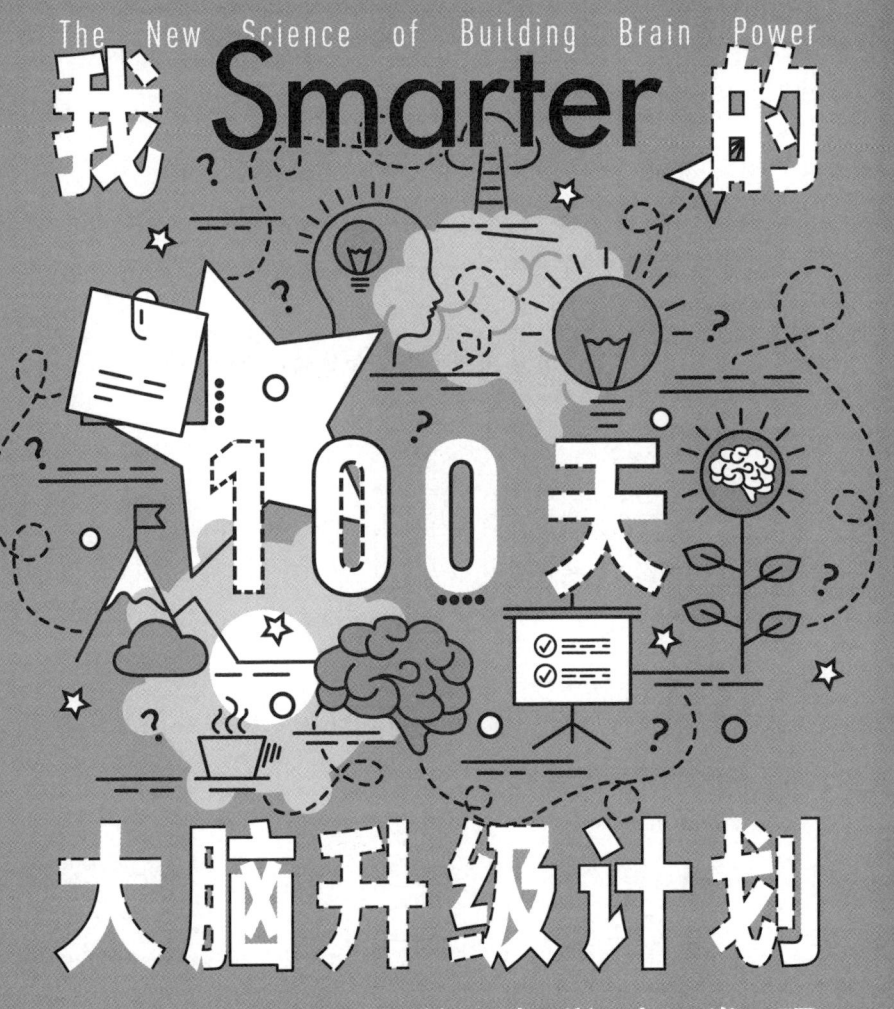

我 Smarter 的 100天大脑升级计划

The New Science of Building Brain Power

让你更聪明的科学新发现

Dan Hurley
[美] 丹·赫尔利 著

汪晓波 裴虹博 译

民主与建设出版社
·北京·

致我居住在缅因州的哥哥和妹妹：约翰、迈克、戴夫、帕特和艾琳。

我们知道自己是怎样的人，但是却不知道我们将会成为怎样的人。

——《哈姆雷特》，莎士比亚

目　录
contents

引　言　1

第一章　扩展大脑的工作空间　17

第二章　对人的测量　43

第三章　优秀的大脑训练师真是知音难觅　61

第四章　老派大脑训练　101

第五章　聪明药和思维帽　133

第六章　我的大脑训练营　157

第七章　你比老鼠更聪明吗　181

第八章　信仰的捍卫者　201

第九章　献给Ts65Dn的花束　231

第十章　诸神之战　261

第十一章　期末考试　299

致　谢　309

引 言

丹尼和朱莉·比斯凯诺（Vizcaino）是一对姐弟，姐姐出生于1981年，弟弟出生于1983年，他们在加利福尼亚州莫德斯托市的一个贫困社区长大。他们的父母是墨西哥移民，连高中都没有上过，他们的家庭情况在当地居民中极为典型：母亲在一家罐头厂工作；父亲曾经在建筑工地上工作，然而，在他们很小的时候死于一场事故。年长的哥哥从高中辍学后犯了罪，朱莉在小学二年级时就成绩落后，并且她认为这很正常，总而言之，她认为自己很笨。

她告诉我："我很不擅长阅读和写作，或者更准确地说是不擅长任何事情。"

到了1991年，朱莉升入四年级，发现自己的班级来了一位新老师，这位老师叫凯文·克里普，他有一种不同寻常的观点，认为自己的学生有能力做出伟大的事情。

克里普告诉我："当我与资深的老教师交谈时，他们说朱莉并不是很聪明。她的哥哥总是反复进监狱。她的成绩排在后面。

她的弟弟丹尼也是如此。她并不擅长阅读。"

然而，克里普是一位身经百战的棋手，当他决定组建一个国际象棋俱乐部时，他邀请朱莉参加。"我对这个完全不了解，"她说，"我过去曾经一直叫错它的名字。我也从没听说过国际象棋，我说的都是真的。"

克里普对他们的训练既有趣，又充满挑战，然而，朱莉学习的速度着实让克里普大吃一惊。她开始在棋盘前一待就是几个小时，陷入沉思，她并不是简单地提前思考两三步，而是10步甚至更多。朱莉进入了六年级。经过两年的学习实践，克里普觉得，她和其他两个孩子已经有能力参加在贝克斯菲尔德市举办的锦标赛了。

"我对我们第一次参加锦标赛印象深刻，"克里普说，"当时还有一个孩子叫乔迪。他很棒。他的父母都是心理学家。乔迪是一个神童。他上的是私立小学，还曾在音乐会上演奏过钢琴曲。他的父母为他的成长做了很多正确引导。一边是乔迪，他有天赋，能讲法语，而另一边是朱莉。从认知的角度来看，我不得不承认她的大脑从来没有被充分激活。就像是一个孩子，从未真正奔跑过，从未被激励着运动。我在想，如果在某种情况下，我们能够像训练乔迪那样训练朱莉，会发生什么呢？所以，我决定把所有参加国际象棋俱乐部的孩子都看作和精英私立学校里参加锦标赛的孩子一样聪慧。如果我不相信这一切，那么现实只有绝望了，不是吗？"

当学生们在贝克斯菲尔德市的锦标赛以及加利福尼亚州举办的其他比赛上取得优异成绩之后，克里普决定带着朱莉和其他队员参加在北卡罗来纳州夏洛特市举行的国家级国际象棋锦标赛。

"不要这样做，"一位教师同事恳求他，"你这样做，只会让这些孩子感到无地自容。"

但克里普带领他们参赛了。在80个队伍中，他们排在前15位。在几百个参赛的学生中，朱莉跻身前10名。

"直到十三四岁的时候，我才开始取得胜利，"她说，"当我14岁时，我在比赛中赢得了很多奖金，用这些钱买了属于自己的第一辆车。"最终，朱莉在她的年龄组位列全美女子选手前50。

之后，她的弟弟丹尼也加入了俱乐部，并很快成为最佳选手。在图森举行的一场国家级冠军联赛中，丹尼挺进了最后一轮，他的团队希望进入总积分的前10名，这使他倍感压力。

"在最后一轮比赛前，他吐了，因为他很紧张，"克里普说，"他当时是领队。我说：'好了丹尼，如果你真的病了，我会给你妈妈打电话；我们会让你退出比赛。但如果你是因为紧张，我希望你这样想——你赢得了这一切。每个人都像你一样紧张。我希望你享受这一刻，因为这里还有其他700个人没有机会赢得奖杯。所以你希望我怎么做？'他回答道：'我想努力试着比赛。'这时，我给他最后一条建议，'如果你再次呕吐，就把注意力集中在地板上，因为如果你撞到棋盘上，就很难再继续比赛了'。"

"他很快就赢得了比赛。在他后面出场的我们团队的其他学生也都赢得了比赛。他们看到丹尼在呕吐后仍然赢得了比赛。每每想起这段往事几乎让我流泪。丹尼是一个'愚钝的人'，但他在那一年最终跻身国家级国际象棋比赛前10名。而且，我们的团队也获得了第五名。在那一年，我们甚至排在了亨特学院小学前面。这所小学算得上是纽约市最好的小学。他们之前排在第六七名的位置。"

丹尼后来毕业于太平洋大学，他获得了机械工程学位。现在他在一家国际制造公司担任工程师。朱莉毕业于密西西比大学，现在是一名家庭主妇，与她的丈夫凯比马尔和小女儿伊莎贝尔生活在一起。

"我非常确定，国际象棋提高了我的思维能力，"朱莉这样告诉我，"而且，它肯定也提高了国际象棋俱乐部其他孩子们的思维能力。我们的学习成绩也有提高，其他各方面也得到了相应改善。这只取决于你有多努力。只要用心，你会变得擅长这一切。你需要长时间地坐在那里思考。脑海里想象着移动的画面。一开始，你不可能思考得那么深入。但当我真的开始练习时，我能够提前想到15步，甚至20步。你需要坐在那里几个小时，努力思考可能出现的所有不同情况。同时，你在思考不同的结果。你接受了这种思维方式，并把它应用到你的生活中。如果我这样做，就会出现这种结果。如果我那样做，就会出现那种结果。然后，你根据自己设想的结果，做出最佳的决策。"

那么，智力的真正内涵到底是什么？

"社会上确实存在着愚昧无知的人，"朱莉告诉我，"他们坚持固有偏见。因为有些孩子出身贫苦，没有接受过教育的家长就认为这些孩子必然是愚钝的。但我们并不愚钝，我也不愚钝。有很多孩子都很聪明。我们可以深入理解很多事情。这只与个人选择有关。这就是为什么我会说国际象棋确实帮助我做出了正确的选择。"

在这个国家的另一边，生活在最富裕的纽约市的父母们，他们有能力负担一小时几百美元的开销，他们正追捧着另一种提高智力的方法。教育机构"纽约市聪明宝贝"（Bright Kids NYC）成立于2009年，常年都有超过500个孩子在该机构中学习，他们中的大多数只有四岁，他们的父母希望孩子通过训练可以获得公立学校天赋计划的入学许可。曾经，入学许可标准是由城市中各个片区的学校自己制定的，这让大家对于标准的公平性质疑。在2008年的一次统一改革中，全市制定了统一标准，以标准化考试成绩为基础。（是的，针对学龄前儿童也有标准化考试。）为了获得所在片区天赋计划的入学资格，孩子们的测试分数需要排在前10%。而让大家梦寐以求的市级范围的天赋计划，只在五所学校有400个名额。为了跻身其中，孩子们的测试分数需要排在前1%。这个新计划的初衷是想要增加非富裕地区孩子的入学数量，但却产生了完全相反的效果：招生的规模越大，来自富裕家庭的孩子就越多。所以，纽约市教育委员会尝试了另一种修正方案。在2013年，新方案加入了一项新的测试——纳格利里非语言能力测试,这项测试的设计目的是评估孩子与文化背景无关的纯认知能力。结果是:招生的规模进一步扩大,但还是有更多来自富裕家庭的孩子通过了测试。哪些因素可能导致了这样的差距?虽然"纽约市聪明宝贝"并不是唯一一家致力于帮助孩子们提高测试成绩的机构,但它肯定是最大的,也是最有经验的一家。并且,它的训练效果十分惊人:所有参加"纽约市聪明宝贝"训练的孩子中,94%的孩子进入总排名前10%,49%的孩子——将近一半——排在前1%。结果印证了真实生活中的"乌比冈湖效应",这个乌比冈湖是加里森·凯勒在他长期主持的电台节目中虚构的地方,在那里"所有的孩子都表现得优于常人"。

在2008年前后,主流的智力研究者一致认为,人类的智力极其复杂,大脑的先天特性相近,不会因任何简单训练而产生重要改变。当然,他们也认可这样的观点,即让孩子们接触丰富的成长环境可以挖掘他们的潜力,但这还远远不够。因为力量测试只能衡量你的当下表现,而智力测试则不同,它反映了人能够做的事情的极限:这是关于认知的玻璃天花板。

这也是为什么我们中的大多数人会认为,智力研究者是一群性情古怪的人,而智力测验很明显不适合美国。因为我们希望被告知，我们能够通过工作和辛勤劳动获得想要的一切，我们能够通过训练来跑一场马拉松或掌握一门新的语言，我们能够设定目标并努力实现它——难道智力会是一座我们永远无法翻越的高山？或许智力障碍是天生遗传且后天无法补救的观念只是美国精神的另一个黑暗面，毕竟，优生学这种伪科学就发源于美国。从20世纪开始，美国大概实施了六万次节育，这项运动一直持续到20世纪60年代。大多数的节育是强制的，被执行者中的大部分人被看作"低能"或"意志薄弱"。这个国家的优生学运动一直在宣扬他们"对弱智群体的战争"；该运动受到玛格丽特·桑格（Margaret Sanger）、J. H. 凯洛格（J. H. Kellogg）和亚历山大·格雷厄姆·贝尔（Alexander Graham Bell）的拥护，在一段时间里被美国最高法院允许，还获得声名显赫的机构，如卡内基研究所和洛克菲勒基金会的资金支持。然而，即便到今天，仍然有学者在喋喋不休地宣扬某一种族比另一种族有先天的智力优势。最近的一次是2009年，哈佛大学公共政策领域的一篇博士学位论文断言："当下，在美国居住的移民，其认知能力与本土居民并不在同一水平线上。没人知道西班牙裔居民的智力水平是否与白人不分伯仲，但预测表明，新西班牙裔移民子孙的智力水平较低，这是无法辩驳的事实。"四年后，这篇论文的作者，杰森·里奇万（Jason Richwine）主持了传统基金会（这是一家极度保守的智库）的一项研究，批评移民改革。

基于上述一切不难看出，公众对于智力的理解极度偏离正轨。我在缅因州的哥哥戴夫听说这本书的主题后就一直嘲弄我，从他发给我的一封电子邮件里，我捕捉到反对智力的阴暗冷风吹来的凉意：

聪明先生：丹，只是需要你承诺一下，如果你变得更聪明了，你肯定不会变成像莱克斯·卢梭那样的超级恶魔大坏蛋。嘿，你是否能够在把人变得更聪明的同时也让他们更友善？詹姆斯·霍尔姆斯（James Holmes）[①]很聪明，但并不善良，泰德·卡辛斯基（Ted Kaczynski）[②]也是如此。罗杰斯先生，很友善，谁知道他是否聪明呢，但难道你不像喜欢邻居那样喜欢他吗？

他提出了一个严肃的话题：美国文化中的一系列民粹主义，长期把"天赋"与"邪恶"等同起来，把学习上的愚钝看作诚实和正派的表现。这段时间，甚至知识分子也在蔑视智商，如丹尼尔·戈尔曼（Daniel Goleman）、马尔科姆·格拉德威尔（Malcolm Gladwell）和保罗·塔夫（Paul Tough），没有人比他们表现得更突出了。在1995年，戈尔曼出版了他别具开创

[①] 科罗拉多大学神经系统科学博士生。2012年7月20日，他身穿蝙蝠侠道具服及防弹背心，头戴防毒面具，手持4件武器袭击美国丹佛市《蝙蝠侠：黑暗骑士崛起》的首映现场，造成12人死亡，59人受伤。——编者注
[②] 拥有167的超高智商。在1978年至1995年间，他利用邮寄炸弹包裹的形式进行犯案，共炸死3人，炸伤20多人。——编者注

性、影响力巨大的畅销书《情商》（*Emotional Intelligence*），该书认为，"控制情感冲动，读懂其他人的内心感受，平衡处理亲疏关系"等方面的能力与智商同等重要，甚至更为重要。随后，在2008年，格拉德威尔出版了《异类》（*Outliers*），在书中，他援引了知名心理学家K.安德斯·艾利克森（K. Anders Ericsson）的研究结论，该研究表明，天赋在成功当中其实没有发挥任何实际作用，而真正重要的是努力，尤其是要在某一特定领域积累一万小时的实践经验。2012年，塔夫出版了《孩子如何成功》（*How Children Succeed*），该书基于心理学家安琪拉·达克沃斯（Angela Duckworth）以及其他一些学者关于如自控、责任心和决心等强大品格特征的研究成果。

这些都是很有价值的洞察。努力、坚毅，以及情绪稳定，确实对生命中取得成功至关重要。没有人可以否认这一点。但让我们稍微思考一下：这些品质很重要，是否就意味着智商完全没有价值？当然，智商并不能代表一切，或许它并不是成功最重要的因素，但它肯定是其中之一。正如我们在小学时就知道，在工作场合和新闻报道上每天都能见到的那样，智力或聪明——无论你怎么称呼它，真的很重要。智力让我们人类区别于地球上的其他生物。智力就是力量，它不仅指你知道许多事实，还代表着理解和分析事实的能力、学习的能力，以及弄清事物原理，把信息转化为知识，把知识转化为收益，在混沌中发现真实和本质的能力。在一万年以前，智力指引人类获取火种、学会农耕而不仅是搜寻食物。虽然不是唯一的原因，但智力肯定是沃伦·巴菲特、马克·扎克伯格和比尔·盖茨比你富有的原因之一。[脸谱网（Facebook）的创始人扎克伯格，以及谷歌的联合创始人谢尔盖·布林，都是在青少年时期就出类拔萃，部分表现为他们在标准化大学考试中获得了高分，得以加入约翰斯·霍普金斯大学天才少年中心。史蒂芬妮·乔安妮·安吉丽娜·杰尔马诺塔（Stefani Joanne Angelina Germanotta）也是如此，她的艺名更为大家所熟知——Lady Gaga。] 智力也是马尔科姆·格拉德威尔、丹尼尔·戈尔曼和保罗·塔夫能够写出这些杰作的原因。因为他们的聪明，同时因为在当前文明社会强调智力会被认为犯了政治性错误，他们轻视了智力，但是智力依然至关重要。

　　智力的作用不仅体现在帮助人们在学校中和事业上取得成就。令人感到惊讶的是，虽然我们对于智力有各种认知，但我们并不十分清楚它如何为我们的身体保驾护航。比如，一项研究对111万名18岁的瑞典人进行智力测验，结果发现，22年以后，当时测验结果排在后25%的人与排在前25%的人相比，前者中毒而亡的概率比后者高五倍，溺亡的概率比后者高三倍，死于交通事故的概率比后者高两倍。整体来看，当他们处于中年时期，18岁时智力测验的分数每降低15个百分点，中年死亡的风险就增加了1/3，因袭击入院的风险就增加了1/2。在另一项研究当中，对出生于1921年的一些成年苏格兰人进行智力测验的结果表明，智力得分每低15个百分点，他们在65岁死亡的风险就提高36%。在许多其他研究中，智力因素不断重复地与被谋杀，罹患高血压、中风或心脏病的风险产生联系。智力甚至与过早进入更年期有关，一项研究发现，智力水平每增加15个百分点，在49岁步入更年期的可能性就会降低20%。

任何相信智力不重要的人都应该试着告诉美国80万因被诊断为智力残疾而领取社会保障收入的儿童和成年人这一点。

试着告诉自2000年以来被诊断为脑外伤的25万名军人，智力并不重要。这里的"智力"指的不是那种顶尖的应对智力测试的能力，而是智力测试所衡量的精神敏锐度和洞察力，这些正是脑损伤会损害的能力。

试着告诉500万患有阿尔茨海默病的美国人，智力并不重要。他们由于这一疾病不仅失去了长期的记忆，还失去了谈话和为财务负责的能力。（顺便说一下，由于研究人员称之为"认知储备"，你越是聪明，就越有可能在晚年被诊断出患有阿尔茨海默病。）

试着告诉患有严重抑郁症或精神分裂症的人，智力并不重要。令人惊讶的是，这些疾病最大的创伤之一是它们造成的智力损伤如此之大，剩余认知能力最强的人通常才有最好的康复效果。

如果正如我们长期以来被告知的那样，我们对自己的智力无能为力，以上所有这一切都会让人彻底沮丧和气馁。鉴于这个被称为智力的信天翁不屈不挠的本质，难怪我们的文化决定尽力忽视它，就像我们对待死亡一样。

一百年以来，所有的专家都在告诉我们智力不能够被改变，但如果这些都是错误的呢？如果大脑与物理世界中的其他事物都极为相似，人类的聪明才智能够找到一种方式对它进行修补，又会如何呢？让我们这样思考：我们现在已经有能力移植心脏，能够创造仿生视网膜让盲人重见光明，能够打造机械腿让残疾人重新走起来，能够实现隆胸技术并且改变性别。难道就没有能力扩展我们的大脑功能？难道智能手机是我们唯一能够变聪明的东西？不管怎样，智力到底是什么？它是某种智慧树上的禁果吗？它是否存在一个实在的物理基础？告诉我们智力永远不会被改变的研究者，他们是真正意义上的科学家，还是智力邪教的高级牧师？难道我们如此愚钝，想不出如何让自己变得更聪明的方法？

针对这个问题的第一个新式回答，出现在2008年的5月。两名瑞士研究员苏珊·耶吉（Susanne Jaeggi）和马丁·博史库尔（Martin Buschkuehl），在极负盛名的《美国国家科学院院刊》（Proceedings of the National Academy of Sciences）上发表了一项研究，研究内容是在持续四周、每周五天、每天20分钟的时间里，让大学生玩一项被称为"N-back"的特殊的电脑游戏。这个游戏——我会在第一章谈到更多的细节——被设计用来测试工作记忆，即一个人的实时注意力以及短期记住内容且判断、更新、处理和分析这些记忆内容的能力。在耶吉和博史库尔的研究中，针对工作记忆的测试变成了一项训练工具。不出所料，学生们练习"N-back"游戏的时间越长，他们的工作记忆的提升就越明显。更重要的是，在四周练习前后，学生们接受了一项针对心智能力，也称为流体智力的测试。标准的IQ测试的对象包括晶体智力，这是你存储信息和技能知识的宝库，它会随着年龄的增长逐步扩大。这种能力就像回答《危险边缘！》(*Jeopardy!*) 测试问题或骑自行车时使用的能力。另外，流体智力是学习的潜在能力，是解决新问题、发现内在模式、理解未被清晰定义的事物的能力。长期以来，这项能力被认为会在成年早期，大约是在大学时期达到顶峰，然后逐渐下降（这也是为什么数学家、物理学家和音乐家一般最为卓著的成果通常都出现在他们20多岁时，随后其研究或作品的数量就会快速衰减）。体育锻炼可以让不到45公斤的弱不禁风的人变得强壮，但一百多年的科学信条坚持认为，训练对于流体智力丝毫不起作用。然而，耶吉和博史库尔的研究表明，在训练"N-back"游戏四周以后，学生们在流体智力上的测试分数平均提高了40%。

《提升流体智力终于成为可能》，伴随这项研究一同发布的一篇社论采用了这样的标题。媒体广泛报道的同时，智力研究者们也在学术界掀起了一场旷日持久的大战。如同当年的"冷核聚变"一样，这项研究也受到众多年轻学者们的强烈赞赏。

在耶吉和博史库尔公开发现的几年后，众多满足随机双盲、安慰剂对照的研究陆续被公布，却发现认知训练并没有用。怀疑论者指出，这一系列研究证明训练仍旧是蠢人的痴心妄想。然而与之相反的是，根据我的统计，满足随机双盲、安慰剂对照研究且发表在有同行评议的科学期刊上的论文中，有75%确认认知训练会从实质上提升智力水平。特别是其中22%的研究发现了流体智力或推理论证能力的提升，剩下的53%则发现了一系列其他能力的相应提升，比如注意力、执行能力、工作记忆和阅读能力。研究的结果不仅体现在小学生身上，同时还体现在学龄前儿童、中学生、大学生和老年人身上。心智健康的志愿者获得了收益，而心智紊乱的受试者也出现了改善，比如这些受试者所患的疾病包括唐氏综合征、精神分裂症、创伤性脑损伤、酗酒症、帕金森病、化疗治疗癌症、注意缺陷与多动障碍（俗称多动症）、轻度认知功能障碍（阿尔茨海默病的常见先兆）。在完成训练之后，这些好处最长能够维持八个月之久。

甚至对于那些关注情商的群体来说，短期的认知训练也能够取得成效。在2013年5月，剑桥大学的研究人员在《神经科学杂志》(Journal of Neuroscience)上发表了一项研究，让一群人连续20天，每天练习"N-back"游戏一个半小时。这个版本里嵌入了一些情绪明显的词汇，比如"死亡"和"魔鬼"，同时还有面部流露出恐惧、愤怒、悲伤或厌恶的图片，结果很大程度上改善了他们在一项关于情感控制的黄金标准测量上的成绩，这被称为情绪的斯特鲁普任务。与之同时，收益还伴随着大脑前庭部分活跃度提升，功能性磁共振成像显示，这与情绪调节存在密切联系。

尽管有一边倒的证据支持训练的有效性，但科学家们对训练的收益是否真实存在激烈的争议，这些争论有时甚至是丑陋的。作为一名科学记者，我有幸出现在一些最尖锐的辩论中，并与分歧双方的大多数代表人物交谈。我已经采访了美国、英国、法国、德国、日本和中国的几百名研究者。我访问了沃尔特·里德国家军事医学中心（Walter Reed National Military Medical Center），在那里见到了脑部受伤的退伍军人。我去了Lumosity公司在旧金山的办公室，该公司是提高智力的认知游戏的最大在线供应商。我还两次会见了情报高级研究计划局（或称IARPA）的领导者，该组织为这一领域的研究提供资金。这是一个政府情报机构，就像国防部高级研究计划局（DARPA）对间谍的作用。资助研究的人希望能弄清楚如何让情报人员更聪明，这样他们就能在首席外交官被杀之前看到班加西的危险。

但IARPA的领导者也心存疑虑。这个领域闹得沸沸扬扬，以至于他每次见到我，都会问我如何看待现在的争论。本质上他问我的是：这东西真的有用吗？而我要告诉你曾对他说的话：在我把自己的名字写在一本书上，说像智力这样一种对一个人有根本重要性的东西，实际上可以在几周或几个月内得到改善之前，我这个总是质疑一切的混蛋会亲自在我身上测试这些方法。我做了，并将持续报告，无论好坏。

本书涉及智力研究领域正在经历的一场变革，越来越多的主流研究者从把流体智力看作某种无法被改变的东西——就像眼睛的颜色一样，转向把它看作具备生物基础但易于受到训练影响的东西——更像是肌肉力量。这是对人类基本特性的理解的一次惊人转变：理性思考的能力，或者说学习的能力，到底是在我们出生那天就注定的，还是我们可以通过后天行动改变。颠覆智力无法被改变这一有害的教条，将会释放全社会各个阶层蕴含的无限可能：年轻的和年老的，富裕的和贫穷的，有天赋的和认知有障碍的，大家都一样。没有人说，认知训练能够把有智力障碍的人变成天才。具体到人能够在多大程度上受益、哪些方法最有效，仍旧是在推进中的工作。从耶吉和博史库尔2008年的研究算起，塑造脑动力的新科学仅仅走过了六年时间。这本书讲述了这一新科学诞生的故事，以及这对于每一个想要变得更聪明的人可能意味着什么。

第一章　扩展大脑的工作空间

我们的故事，从1997年6月梅拉伦湖上的皮划艇开始。梅拉伦湖是瑞典的第三大湖泊，它的支流在斯德哥尔摩西部绵延80多千米。划船的人是托克尔·克林伯格（Torkel Klingberg），他是瑞典最负盛名的研究机构卡罗林斯卡学院（Karolinska Institute）心理学部的一名研究生，他刚刚完成的一项研究，解决了大脑哪个部位负责工作记忆的问题。然后，就像现在的情况一样，心理学家和神经系统科学家都参与进来，试着像先驱解剖学家在几百年前对身体所做的那样，对大脑也做同样的事情：弄清楚哪些部分负责哪些功能。通过使用一种名为正电子发射断层扫描的影像技术观察脑组织内部，克林伯格发现，无论他让志愿者接受什么类型的工作记忆任务，甚至无论信息是通过声音还是图像呈现的，六位受试者大脑的相同区域都表现出血液流动的增加——工作量的增加——大部分都出现在前额之后的大脑前庭。

在完成这项研究之后，克林伯格给自己放了一天假，在几乎为极昼的斯堪的纳维亚仲夏时节泛舟湖上。他划船时，一个问题萦绕在他的脑海：几位受试者大脑的相同区域在所有这些工作记忆任务中同样发挥功能，这意味着什么？这些像梅拉伦湖一样巨大的问题，是人微言轻的科学家尽量避免的，因为他们唯恐陷入毫无根据的猜测中。但克林伯格，这位常常被误认为是电影《异形2》（*Aliens*）中人造人主教扮演者兰斯·亨利克森的科学家，苦苦思考这一问题，直到想出了一个答案。这并不是一个全面的答案，更像是一个假设。如果大脑同一区域会参与所有的工作记忆任务，那么，针对一项任务进行训练，应该能够改善其他项目，因为这些项目都需要强化同一大脑区域，就如同做俯卧撑也能够相应提升受试者的举重能力。

克林伯格把这个假设记录在他随身携带的一个黑色袖珍笔记本上。之后两年该记录都未有丝毫进展，直到1999年克林伯格进入卡罗林斯卡学院神经儿科学部攻读博士学位。因为这个部门进行了很多与多动症相关的研究，克林伯格有机会接触能够验证他想法的志愿者。

但同时也存在着一个问题：其他的心理学家已经证明了克林伯格的实验可能永远不会有效——他们认为，针对一个项目的短期记忆训练，永远不会迁移到改善另一项。最知名的研究是K. 安德斯·艾利克森和他在卡内基梅隆大学的同事所做的，该研究于1980年发表在最具盛名的《科学》杂志上。研究者选定了一位比较典型的本科生作为受试者，进行了为期20个月的实验。实验目的是通过行为实验，观察"记忆力一般、智力平平的一名大学生"的短期记忆是否能够被实质性地改善。实验过程中，研究者没有给受试者任何有关记忆策略的指点，他被要求听一系列随机数字，然后尽可能多地背诵出来。刚开始，像大多数人一样，他只能够准确记住七个。[1956年，心理学家乔治·A.米勒（George A. Miller）发表了一篇经典论文《神奇的数字7±2》(*The Magical Number Seven, Plus or Minus Two*)，首次论述了人的短时记忆能够记住个数的极限。]但随着受试者每周三天、每天一小时地持续训练了一年半以后，他逐渐能够成功地记忆越来越多的数字。在15周以后，他能够按顺序准确地背出最多25个随机数字。一年以后，他能够背诵70个数字。最终，在20个月之后，他记住的数字达到了90个，这相当于最优秀的记忆冠军的水平，并且他提升的速度没有丝毫下降的迹象。然而，当他尝试记忆随机数字之外的事物，即便是一串字母，他也不比旁人优秀："他的记忆量下降到六个辅音字母。"

为何会这样呢？受试者能够通过学习记住90个数字，但却只能够记住六个字母。理解这个现象的关键在于，他在不自觉地开发记忆策略，把随机数字串转变成时间、年龄、日期等一大块内容，他就能够记忆这种内容。但是这些策略是针对数字的，在他尝试记忆字母或其他事物时不会提供帮助。记者乔舒亚·福尔（Joshua Foer）也曾用过这些记忆技巧，他获得过2006年美国记忆力锦标赛冠军，并在畅销书《与爱因斯坦月球漫步》(*Moonwalking with Einstein*)中描述过，这些技巧的作用相当持久。但最终，它们也只是技巧而已。它们能够帮助你记忆一系列事物，但是不能帮助你理解这些事物。它们不会让一个人变得更聪明，无法提升工作记忆。

在这里我需要把短期记忆和工作记忆之间的重要差异说清楚。这一差异微乎其微，导致许多记者甚至是个别心理学家，在给公众做科普时往往会忽略它。短期记忆和工作记忆都只持续几秒，肯定不是几小时，更别提几个月或者几年了。短期记忆是艾利克森测量发现的，这是一种快速捕获呈现给你的信息的能力。这很简单。令人惊讶的是，这种能力与智力以及解决问题的能力的相关性很小。另外，工作记忆是你操控记忆的能力：输入这些数字，把它们加总，分析它们是奇数还是偶数。在语言的帮助下，工作记忆让你不仅能够记住句子，还能够理解它们的字面意思，进而考虑深层含义。正如研究者所说的，工作记忆是大脑的工作空间、工厂车间，在这里，原材料被处理并组装成有用的信息。短期记忆能够让你记住一串电话号码，但工作记忆能够让你对这一串电话号码的前三个数字和后四个数字做乘法。重要的是，这需要对目标精细控制和避免分散注意力的能力。工作记忆的需求解释了为什么在头脑中进行两位数的乘法是如此困难（更不用说四位数了）：因为你不得不分开来做，在解决下一个问题之前，把解决方案抽出一部分，放到你大脑的后台——你的意识之外，然后在必要时快速把它们拉回到注意力当中。工作记忆让诗人能够推敲文字，发现对一个想法的最佳表达；它也让我们在完成一系列指示的第一步之后,能够记得第二步和第三步。工作记忆能力的上限较好地解释了为什么开车时用蓝牙耳机接电话与你手持电话一样危险:因为你理解事物的能力是一个宝贵的、有限的东西。

关于强有力的工作记忆如何运作,我在现实生活中见过的最多姿多彩、令人惊讶的例子来源于我的一位老朋友——丹·费格尔森。当我们还是少年时,他就发现自己能够随机应变地把一个单词的字母倒着说出来,无论那个单词有多少个音节。你可以说"incompatibilities",几秒钟之后,他就能够说"seitilibitapmocni"。这一切让人极为吃惊和兴奋。他告诉我做到这一切的秘密是,他可以在脑海中把单词形象化,就好像它是写在黑板上的,然后只需要简单地把它念出来。

这就是工作记忆。

艾利克森从研究中得出结论,训练最终并不能增加短期记忆的空间总量。但克林伯格想要知道,除了策略和技巧,是否可以使用其他的方式增加工作记忆的整体空间。

基于这个问题,他从迈克尔·梅泽尼奇(Michael Merzenich)最有影响力的一个历史研究数据中汲取了灵感。在20世纪80年代早期,当时大多数神经系统科学家仍旧认为,大脑所有的区域实际上是被永久固化的,只能处理特定类型的信息;而梅泽尼奇的研究表明,在几周的时间里,他能够改变一只猴子控制信息的大脑区域,比如,控制左手第一根手指的区域——只要简单地把第二根手指弄残。当神经信号不再传递过来时，这部分大脑区域并没有"坐以待毙"，而是开始处理别的手指传来的信号。在接下来的30年间，梅泽尼奇基于这些观察，研究出动物，包括人类，能够从神经再赋值当中获益：如果对触觉、听觉或视觉的精准区分投入更多的注意力，那么负责这项功能的大脑区域就会随之扩张，并在这个过程中变得更加灵活。他发现，诵读困难的儿童能够通过训练识别声音中的细微差别，更好地理解口语；70多岁的老年司机同样也能够通过训练重新获得更宽的视野，而这是他们在几十年的漫长岁月里逐渐丧失的技能。

从梅泽尼奇的开创性研究中，克林伯格发现了两项原则。第一，为了实验成功，训练需要在相对短的时间里密集完成，大概一天20~30分钟，但需要至少持续四周，每周重复4~6次。第二，训练计划需要适应个体的能力范围。它既不能太简单，也不能太困难，需要正好处于合理的边缘，并保持在合理的边缘，随着个体能力的增强逐渐加大难度。这两项被梅泽尼奇详尽阐述的原则共同构成了一项标准规则：持续四周的每天短时而密集的训练，要根据受试者的能力极限不断调整合适的训练难度。这项规则，不仅对克林伯格取得研究进展至关重要，而且对整个心理学研究都意义非凡。

克林伯格的研究目的在于训练工作记忆。他通过一名儿科医生招募了14名7~15岁的儿童，这些儿童被诊断患有多动症。所有这些儿童，被要求在连续五周的时间里，每周五天，每天

25分钟，在电脑上玩一系列的工作记忆游戏，这些游戏程序是由一位名叫乔纳斯·贝克曼的程序员开发设计的。其中一半孩子玩的游戏会根据他们的能力逐渐变难，而另一半孩子玩的游戏一直很简单。每个游戏都对孩子们的先天工作记忆能力进行标准测试。比如，在"数字回溯测验"中，键盘上会显示一系列数字，同时这些数字会被大声读出，孩子们需要敲出这些数字，但是以倒序的方式。（电脑游戏会成为一项工作记忆任务，而不仅是对短期记忆能力的简单衡量。因为这一系列数字需要运用心智能力来操控并倒序背诵。）适应性训练组的数字串的长度，随着孩子们倒序背诵水平提高而变得越来越长。

对于老派心理学家来说，这项实验听起来毫无价值。他们开发的这类任务更像心理学版本的视力测验，而不是训练项目。针对这些任务进行的训练，就像是一遍一遍地重复练习一项智力测试，测试表现的提升实际上并不意味着你变得更聪明，只能证明你越来越擅长这项测试。

然而，这就是实验结果的惊人之处了：接受适应性训练的七名孩子，不仅更加擅长训练的任务，而且在其他工作记忆的测试中有所提升。这就好比他们努力练习高尔夫球技，也会变得更擅长打篮球。更令人感到惊讶的是，他们的多动症程度——一般通过头部运动的频度来衡量，也会得到很大改善。（其他研究发现，患有多动症的儿童，在工作记忆方面的测试中通常会比其他孩子表现得差一些，但这两项研究是不同的：粗略统计来看，工作记忆能力较低的女孩数量和男孩数量几乎差不多，但诊断患有多动症的男孩数量远超女孩数量。）更令人难以置信甚至感到奇怪的是，以当时处于支配地位的正统标准衡量，在克林伯格的研究中接受过训练的孩子们，在雷文的渐进式矩阵测试中也表现得更好。这个矩阵，长期以来被看作是心理学领域衡量流体智力的最佳方法。如果实验结果可信，那么这些孩子变得更聪明了。

"这不可能。这不会起作用。"

2002年6月，马丁·博史库尔刚刚在瑞士的伯尔尼大学取得心理学硕士学位，当他正在为博士学位论文的选题找灵感的时候，偶然发现一篇研究，它题目的用词似乎自相矛盾。博史库尔个子高高的，金发碧眼，长相英俊——换句话说，是个典型的瑞士人——这在卢塞恩很有竞争力。在高中时期，他连续三年获得瑞士全国赛艇锦标赛冠军，并作为瑞士国家赛艇队的成员两次赢得在法国举办的世界锦标赛冠军。连续多年经历过对身体极限的训练和挑战之后，他的心理学研究方向自然而然地就聚焦在这个领域。但是，他知道人体有一些极限是无法超越的，因为它们是特质，由个体特征决定，无法被轻易改变。蓝色的眼睛不会通过训练变成棕色的。男人不会通过训练变成女人。同时，工作记忆——处于流体智力中心、坚硬不变的内核——不会因接受训练得以增强。然而，有个名叫托克尔·克林伯格的人，在《临床与实验神经心理学杂志》(*Journal of Clinical and Experimental Neuropsychology*) 上发表一项研究——"对患有多动症的儿童进行工作记忆训练"，宣称已经做到了这一点。在连续五周、每天25分钟的时间里，进行一些愚蠢且少得可怜的工作记忆测试，这些孩子就能变得更聪明，多动症症状也改善了？

"这不可能，"博史库尔读了这篇论文后喃喃自语道，"这不会起作用。"

他把这篇文章交给他的女朋友苏珊·耶吉——同样是一位心理学专业毕业生。耶吉是一个典型的知识分子，穿着格子衬衫、灯芯绒长裤以及适合去阿尔卑斯山攀登的结实鞋子，不施粉黛，素面朝天，她笔直的棕色长发梳成中分发型，戴着黑框眼镜。

"我也不相信，"她告诉他，"这太奇怪了。"

然而，他们都对此感到好奇。毕竟，假如它是真的会怎么样？如果针对一项工作记忆任务训练，能够迁移到流体智力的提高，这在认知心理学领域相当于发现了粒子的传播速度快于光速：所有这一切难以置信，但极其重要。

而且，这个奇怪的小实验似乎是为博史库尔和耶吉量身定制的，让他们能够继续跟踪下去。博史库尔已经参与到一项改善耄耋老人生活幸福度的研究中；训练是他擅长的事情。而工作记忆是耶吉感兴趣的研究领域；她使用自己最喜欢的工作记忆测试——N-back，对人的能力进行了各式各样的研究。他们一致认为，或许应该尝试一下用N-back作为训练项目展开一项研究。

N-back确实很折磨人，不仅做起来麻烦，描述起来也很复杂。网上有各种版本，找一个亲自玩10秒钟，会比阅读游戏介绍10分钟更有助于理解。但是我们还是要介绍一下：想象一下，你听到一串大声读出的字母。你被要求在每次听到同一个字母重复两遍时按下按钮，这是1-back。这很简单。所以，如果你听到字母串n-a-m-m-a-m，当你听到第二个m时，你按下按钮，对吗？但现在，让我们尝试一下2-back：这次，你在听到字母串n-a-m-m-a-m中最后一个字母m时按下按钮，因为最后一个m之前第二个字母出现了m（因此是2-back）。然后，如果你参加的是3-back测试，你应该在听到字母串n-a-m-m-a-m中的第二个a时按下按钮，因为它前面第三个字母出现了a。以此类推，可以到4-back、5-back，甚至更多轮。

这个任务变得困难的原因，是字母串会持续不断地涌向你——它们并不是像我给出的样例这样简单的六个字母序列，而是一个个连续不断、字母接着字母、持续一分半钟的字母串。所以，你在不断地更新并跟进现在的2、3、4个或多个字母，这些字母也在不断改变，会有新的字母加入进来。这需要全身心地集中注意力。如果你的大脑开一会儿小差就会跟不上。

但稍等，为了让实验的效果更显著，耶吉和博史库尔决定使用所谓的双重N-back任务。在听到这种顺序随机的字母串时，你同时可以在电脑屏幕上看到一个点随机出现在一个井字板棋面外围的八个方格中。现在，你的任务是追踪字母和点的移动。例如，在3-back训练中，如果你回忆起现在念出的字母是三次前出现过的字母，就按下按钮，而与此同时，如果屏幕上的小点和三次前出现在同一个位置，你就需要按下另一个按钮。

这是一种嵌套测试。

让任务变得如此复杂的意图在于，让它从表面上看起来难以理解，从而让人们无法使用为数学、字谜游戏、拼字游戏等制定的策略。如果人们通过练习，在双重N-back游戏中变得更加娴熟，他们就会认为，自己的工作记忆或许真的被扩展了。

就像克林伯格从梅泽尼奇那里参考借鉴，博史库尔和耶吉也借用了克林伯格的规则，让参与者们练习他们的双重N-back训练任务，一周五天，每天25分钟。同样，博史库尔设计的计算机程序，让N-back游戏的水平总是能够与每位参与者的能力提升保持一致。如果这个人能够在2-back水平上准确地跟上发音的字母和井字棋面板上的点，他或她就会自动被提升到3-back水平，以此类推。

他们从伯尔尼大学招募了几十个大学生，首先用雷文的渐进式矩阵测试志愿者的流体智力。每一个接受智力测验的人都会看到一个矩阵，像在雷文的渐进式矩阵里用到的那样。图上有三行，每一行都有三个图形，包括正方形、圆形、点和其他形状。正方形会在从左向右移动的过程中变得越来越大吗？正方形里面的圆形会在向下移动的过程中，从白色变为灰色，进而变成黑色吗？矩阵中的九个图形，有一个消失了，而你的任务是要识别出潜在的模式——向上、向下、横向移动，目的是从六种可能的选项中选出一个正确的图形。最开始，对于大多数人来说，答案显而易见。随着游戏深入，难度越来越大，到了测试的最后，所有人都会觉得很受挫，除了最聪明的人。

　　为什么把矩阵看作是流体智力测验的黄金标准呢，这个结论起初并不明显。但是，想一想，中心模式识别对于人生的成功发挥着多么重要的作用。如果你想从棒球统计数据中发现埋藏的宝藏，承诺你的团队可以雇佣在其他团队不受欢迎的选手赢得比赛，那你最好擅长矩阵游戏。如果你想要从股票市场里发现周期规律而获利；如果你想要从法学院正在学习的10个案例中找到潜在的判决推理；如果你需要弄清楚猛犸象的生活习性，以便诱捕、杀死和吃掉它。本质上看，以上情况中你使用的是同一种认知技能，这正是矩阵游戏测试的。

　　在这些大学生完成了雷文的渐进式矩阵测试以后，他们每个人都同意顺便来心理学部的测试实验室，接受N-back游戏训练，会持续四周，每周五天，每天一个半小时。在这些天里，大多数的学生都从3-back的水平提升到了5-back的水平。到四周训练结束的时候，有些人已经达到了8-back的水平。后来，当他们再一次参加雷文的渐进式矩阵测试时，平均分提高了40%。

　　耶吉和博史库尔甚至对自己的实验结果有些怀疑，但也对于如此轻易地实现了看似不可思议的结果激动不已，他们完成了论文，获得了博士学位，并且接受了密歇根大学心理学和神经科学教授约翰·乔耐德的邀请，去他的实验室继续博士后研究。在那里，他们继续重复着双重N-back实验，这次增加了一个对照控制组，这一组只是用渐进式矩阵进行两次流体智力的测试，不用参加额外训练。他们想看一下，是否能够发现在一般的药物研究中常见的剂量效能，即人们接受的训练越多，流体智力分数就会越高。果然不出所料，这项研究的结论是：练习双重N-back仅仅12天的人，他们的矩阵测试分数提升了10%以上；练习17天的人，分数提升了30%以上；练习19天的人，分数提升了44%。这真令人吃惊。

最终，在2008年5月13日，他们把自己的研究成果发表在《美国国家科学院院刊》上。当年，克林伯格的研究几乎没有受到大众媒介的关注，与之形成鲜明反差的是，耶吉和博史库尔的研究立刻引起了轰动，成为全世界报纸的头条。"研究发现，'大脑训练'游戏确实有效。"英国《每日电讯报》（*Daily Telegraph*）这样报道。《纽约时报》（*New York Times*）的标题是"记忆训练能够提升智力"。大众之所以如此关注，背后有一系列原因，包括大胆的标题（"通过工作记忆训练提升流体智力"），发表期刊的知名度，耶吉高雅的写作文风、严谨的统计研究，以及罗伯特·J. 斯滕伯格（Robert J. Sternberg）祝贺式的评论，他当时是塔夫茨大学（Tufts University）文理学院院长，也是一位知名的智力研究学者。"耶吉以及其他研究人员为学术界做出了重要贡献，"斯滕伯格这样写道，"他们的研究表明，流体智力是可以被训练的，这至关重要，意义深远；训练的过程体现了剂量效应，即训练越多，收益越大；训练的效果体现在全部大脑能力中，虽然更多地体现在低端能力上。因此，从某种程度上来看，他们的研究似乎已经通过一些具有实际意义的测量方法，解决了是否能够训练流体智力的争议。"

不知为何，我错过了这个令人激动的时刻。直到三年半之后的2011年，当我撰写完成一篇关于用药物测试来增强唐氏综合征患者智力的文章之后（这部分内容会在第九章中进行详述），我才开始对非智力缺陷群体增强智力的可行性产生兴趣。当时，耶吉和博史库尔的研究虽然极其简单，但对传统的智力研究领域产生了革命性效应，后续上百个研究都在引用他们的成果发现。

"我的发现有力地支持了他们的研究。"费城天普大学心理学助理教授杰森·切因（Jason Chein）在接受我的电话采访时这么说道。在使用N-back之外的其他工作记忆任务——如语言和空间的复杂跨度任务——对人脑进行训练之后，切因看到了认知能力的提升。"我并没有完全复制他们的做法。但在各个实验室中，我们使用相近但差异化的方法进行训练，取得了相关的成功。审慎的乐观主义是描述当下这一领域进展的最佳方法。"

甚至美军都跃跃欲试，想看看是否能够增强军官和应召入伍的士兵的认知能力。美国海军研究办公室的认知心理学家哈罗德·霍金斯（Harold Hawkins）负责资助该领域的研究，已经对耶吉和其他研究人员提供了经费支持。"四五年前，我们还认为成人的流体智力不能改变，"霍金斯告诉我，"没有人会相信，通过训练，就能够对这一非常基础的认知能力带来巨大的提升。随后，耶吉的研究成果就出现了。就在那时，我开始把科研经费从其他领域转移到这一领域。我本人相信这种可能性是存在的，而且，如果我不相信，就不会用纳税人的钱来进行投资。如果它是存在的，那么它的潜在意义将极为深远和重要。"

耶吉和博史库尔的研究，在小学生和老年人群体中也已经有了类似的发现。同时，社会上涌现出一批商用企业，有的通过网络在线提供认知训练，有的开设辅导中心进行训练，所有这些训练都是由训练有素的心理学家进行的。我决定打电话采访一下耶吉。我问是否可以约他们两位出来见面，她同意了。然后，我问她：是否愿意帮助我进行新闻检验，测试N-back和其他方法是否能够提升认知能力？是否愿意在我开始训练计划之前，测试我的流体智力水平并在训练后再测试一下？

"首先，你要知道，有些人接受N-back训练的过程实际上很痛苦，"她提醒我，"他们说这很令人崩溃，挑战难度很大，令人身心俱疲。他们坚持这项训练的过程简直步履维艰。"

"你本人接受N-back训练的体验是怎样的？"我问道。

"哦，我没有训练过，"她说，"我之前练习过，但只是为了学习它的原理，并没有接受过系统性训练。我对于自己现有的聪明程度很满意。不管怎样，我们注意到，这项训练会帮助那些认知能力水平较低的人获得最大程度的改善，只要他们努力付出。所以，如果你想要取得更明显的效果，需要经历一个痛苦的过程。"

她对于自我训练这件事毫无兴趣，这令我十分惊讶，但这一领域的所有研究人员竟然都是这样的，无论是杰森·切因、约翰·乔耐德，还是我遇到的其他那些不承认接受过训练的人。一些人重复着耶吉的感慨，认为智力水平最匮乏的群体，才会收到最大的效益。但我知道，他们的许多研究，其实与这个结论南辕北辙，因为他们经常会邀请知名大学的学生参与实验。难道是他们过于骄傲，因而不愿意被其他人看作需要提升自身智力，或根本就不想提升自我吗？

但是，耶吉说，如果我愿意尝试，她愿意对我的流体智力进行前后对比，并且可以把他们用于研究的N-back版本提供给我。

游戏开始了。在2011年的万圣节，我坐飞机到底特律，租了一辆车，驱车前往安阿伯市，与耶吉、博史库尔、乔耐德以及他们的同事们会面。

"我曾经用这个项目训练所有的傻瓜。"

博史库尔、耶吉和我中午一起午餐时交谈,我听到他说出了如此令人吃惊的评论。

"抱歉,再说一遍?"我问。

"我曾经训练老年人。"博史库尔说。

"哦,"我说,"是的。"

"耄耋之年的老人,"他继续说,"有人打算为他们提供阻力训练、力量训练,他问我是否有兴趣尝试一下其他的事情。我一直热心于如何让人们成为更好的自己,如何让人们超越能力极限。"

"你也是一名划船教练。"耶吉说。

"我只是喜欢找出能够让效能最大化的方法,"他继续说,"比如,能够更好地记住事情,能够更快地解决问题,增强处理事情的整体能力。"

他们带我去了他们在安阿伯市最喜欢的意大利比萨店。他们说那里有那不勒斯之外最好吃的比萨,耶吉的哥哥就住在那里。她推荐各种口味的比萨,除了松露味的。只要一谈到松露,就会让她厌恶地耸耸鼻子。

我提出的第一个关键问题是,耶吉的姓名应该如何发音。

"没有人能够正确地读出来,"她说,"是YAH-kee。德国人会念成 YAY-ghee。在瑞士有四种语言：德语、法语、意大利语和罗曼什语。我的父母来自伯尔尼，所以我讲伯尔尼德语。但我长大的地方，是在阿尔卑斯山脉的一个叫弗坦的小农庄，每个人都讲罗曼什语，所以我也懂这种语言。"

我不理解的是，他们为什么会决定涉足认知训练这个领域，因为当时很多的证据表明，这根本不可能。

"在我看来，通过训练提升我们的能力极限是一个有趣的研究议题，"博史库尔说，"这个议题里蕴含许多未知。当人们达到他们的能力极限时，会有怎样的反应？当你的能力到达极限时，会出现哪些神经关联？所以，当我们读到克林伯格的研究报告时，我决定要在耄耋老人群体中进行一些尝试。这是该领域的第一份报告，除此之外，别无其他。"

博史库尔为老人们设计的工作记忆任务，是他特别为这些上了岁数的人设计的，他称之为"动物范围任务"。他设计了一个电脑程序，用来展现不同类型的动物——驴、狗、牛、鸭子，每一幅图要么是上下颠倒的，要么是正面朝上的。随着每一幅图闪现在屏幕上，参与者需要快速地按下按钮，指出它正确的方向。然后，在一系列动物展现出来后，参与者需要正确地选出不同种类的动物出现的顺序。

"难点在于，"博史库尔说，"你需要一次做两件事情。你需要明确指出动物的方向。与此同时，你需要在心里归纳出下一只动物出现的规律，也就是顺序。"

"这些老年人的能力有提升吗?"我问。

"他们有提升,"他说,"并且,我们还在一些类似的任务上看到了改善。我们观察到,他们的情景记忆能力也有改善的趋势。虽然并不强烈,但在起步初期,这是一个很好的结果。"

博史库尔和耶吉觉得,他们能够把她在 N-back 方面的专业经验和他在训练方面的兴趣很好地结合起来,给伯尔尼大学的学生做一些测试。

"我们的研究兴趣在这一点上汇聚在一起。"他说。

"所以,三个臭皮匠顶个诸葛亮?"我问。

"你知道,我认为无论是在伯尔尼大学,还是在这里的密歇根大学,我们都是典范,"博史库尔说,"我们在坚持不懈地工作。"

"我们在晚上也工作,"耶吉说,"我们在周末也工作。"在2008年发布的研究中,耶吉是第一作者,在接下来针对孩子和老年人的研究当中也是如此。因此,当该领域的人提起这项研究时,她是首先被提起的。然而,她坚持认为,在研究当中,博史库尔是与她地位相同的合作伙伴。

"马丁的角色更多体现在开发软件程序和提出方法论方面,"她说,"而我呢,我也不是很清楚,我更多地写一些理论研究,做一些组织工作。"

我询问他们之间有没有感到竞争或嫉妒对方?他们都说没有。

"我从未想到过竞争,"博史库尔说,"那样的人生就太冷酷无情了。"

午饭后,我们一起来到他们共同的办公室,办公室位于密歇根大学心理学大楼的地下室里,连窗户都没有。门上是一个大脑的卡通图像,带着笑脸和小胳膊、小腿。这个大脑人正在把杠铃举过头顶。下面写着几个大字:"大脑健身房"。

在这里,我们遇到了心理学和神经科学教授乔耐德。他邀请博史库尔和耶吉来到他的实验室进行博士后研究,同时也是2008年的研究报告中的联合作者(还有沃尔特·J. 派里希,这是他们在伯尔尼大学的学术主管)。乔耐德花白的头发修剪得整整齐齐,没有穿耶吉和博史库尔偏爱的运动鞋和帽衫,而是穿着崭新的卡其裤、棕色皮鞋、豆绿色的礼服衬衫,戴着一个白色的帆船徽章。乔耐德的眼镜架在头顶,他有时双手叠在后脑勺靠在墙上,而其他时间身体前倾,举手投足间显现出旺盛精力。他比两名博士后年长一辈,对科学争论与政治争论的相似之处,他展现出难得的智慧。

"对于能够通过某种方法训练工作记忆进而增加流体智力的可能性,当然存在着各种质疑,"他说,"有些人说,他们进行重复试验,不能得出我们的结果。他们说,数据显示,智力从遗传的角度看主要由基因决定。但我们要对外讲述我们的故事。我们所有人都在会议上公开讲述过我们的研究。当我们发言的时候,虽然会很小心地说出各种不匹配的数据,尽管如此,我们仍然在讲述一个明确的故事。"

然后，他就开始讲述了。

"有两个观察发现十分值得我们严肃认真对待，"他说，"一个是，人们的特征很大程度上由基因决定，比如身高。我们知道，身高的70%～80%是先天决定的。然而，我们也知道，强大的环境因素仍旧能够对身高产生影响，比如营养。所以，即便智力是高度遗传的，但这并不意味着你不能够改变它。

"另一个是一种现象，我称之为'在夏天变笨'。如果你分别在4月份和9月份对孩子们进行智力测试，他们在9月份的得分会比较差。这意味着，放暑假的时候什么都不做，只是花时间看电视，必然会以一种消极的方式影响你的智力。所以，这个故事告诉我们，你可以在一定范围内调整智力的功能。你可以使它变差，也可以使它变好。并且，没有人知道，为什么一些方法有效，而另一些就不行。毫无疑问的是，你需要去亲吻很多只青蛙，而其中必有一些会变成王子。

"给你举一个极端的例子，你认识一个居住在多伦多、名叫格伦·谢伦伯格（Glenn Schellenberg）的同行吗？格伦现在已经发表了两份研究报告，我认为这可以算作是他们领域最优秀的研究成果了。研究表明，他能够通过音乐训练提升孩子们的智力。现在看来，这真的不像是王子。在其他人看来，格伦所做的训练不会对智力产生任何影响，但他却发现了成效。"

考虑到过去在提升智力方面的各种失败，我问乔耐德，为什么他决定研究这个领域。

"许多的科学家正处于与我经历过的相似的事业周期，"他说，"我把自己事业中的绝大部分时间都用来研究基础科学——心智功能的基础方面。这与训练根本不相关。现在，我更关心如何能够帮助大家步入正轨。"

他说，他25年以来的研究重点都放在了心智能力上。这种能力潜伏于智力和其他许多行为和情感之下，被称为认知控制。

"现在，"他说，"如果我很饿，我会考虑去实验室，溜进厨房里拿几块糖。但我在抑制这些冲动，继续跟你们谈话。这就是认知控制的一个实例。它和工作记忆是智力功能的核心。它们在某种意义上使我们与其他生物不同。它们让我们从外界环境中选择性地处理信息，并利用这些信息解决各种类型的问题。但认知控制并不是只与智力相关。在抑郁的状态下，人们忍不住产生消极的想法。而对于那些不能够延迟满足的人，他们变得肥胖或成瘾，是因为他们不能让大脑停止思考某些欲望。所有这些都是人们失去认知控制的例子。所以，我现在投入能够帮助人们重获自控能力的研究中去了。"

在乔耐德看来，N-back能够强化人们的认知控制能力，这种能力帮助人们集中注意力，避免分心。

耶吉和博史库尔也分享了他们的观点。

"我们把注意力和工作记忆看作是大脑的心血管功能，"耶吉说，"如果你着重训练你的注意力和工作记忆，你就会提升基本的认知技能，这些技能可以帮助你处理许多不同且复杂的任务。"

我问，这样的改善收益会持续多久？

"我们认为这与体育锻炼很相似，"耶吉说，"如果你跑步一个月，这会改善你的健康状况。但这种状态会持续一生吗？可能不会。你需要不断地训练。"

人们的积极性会对训练效果发挥作用吗？

"我们认为会的。"耶吉说。在2011年发表的一项针对小学生和中学生的研究中，他们发现，只有充分参与N-back训练的孩子们的流体智力才相应地显著提升了。"如何调动更多人的积极性，让他们能够坚持训练，这是一项挑战。因为如果你不参与其中，训练就不会产生效果。"

训练会对大脑物理构造方面产生实质性影响吗？

"很高兴你会问这个问题，"乔耐德说着，把他的笔记本电脑从桌子上拿起来，点击了几下之后，让屏幕对着我，"近期，我们在人们进行N-back训练时，对他们的脑部进行了功能性磁共振成像扫描。这是训练一周前的平均活跃程度。"图像显示，大脑的各个区域变成绿色、黄色和橘色。"而这里是训练后的状况。"他点击着。即便我没有受过训练，也能从下一张图像中清晰地看出，橘色更少，绿色更多。"这是对大脑活跃程度的重要降低，"乔耐德说，"大脑的前部和后部都显示他们现在用更少的精力做得更多；他们在进行N-back任务训练时也更高效。"

他把电脑放回到桌子上。

"那么，在2008年的研究中，"我说，"学生们在矩阵测试中的分数提升了40%，这是否说明他们如字面意思那样，聪明程度提高了40%？"

"我当然不会这么说，"耶吉回答道，"我们只使用了一种方法衡量智力或推理行为。在未来，我们需要吸纳一些真实世界的衡量标准，来发现训练到底产生了怎样的影响。"

"但这些矩阵是衡量流体智力的黄金标准，"博史库尔说，"关于这个主题，我们有很多有趣的研究报告。认为自己可以更好地理解课堂资料的人屡见不鲜。如果人们在四周里每天接受20分钟的训练就能如此，我认为效果算得上令人印象深刻。"

但我即将亲自验证这一切，因为在明天，他们就会测量我的流体智力，并让我实地接受N-back测验。当我给耶吉打电话的时候，这似乎是一个完美无瑕的好主意，但我到了这里，测试即将开始，我发现自己在心里嘀咕：如果我的智商极低会多尴尬？

他们承诺，明天早上九点钟准时对我进行测试。然后，在谈论智力好几个小时以后，我走出学校，也走进了万圣节的夜色中，这时三个装扮成啤酒瓶的大学生从我身边经过。

第二章 对人的测量

"我如何能够观察到爱?"

兰德尔·W.恩格尔（Randall W. Engle）是美国最具影响力的心理学家之一，他对于工作记忆和流体智力关系的研究，为克林伯格、耶吉和博史库尔的突破性进展奠定了良好的基础。他正坐在位于新泽西州罗格斯大学新布朗斯维克分校的咖啡馆里，计划着近期的公开演讲内容，尝试解释清楚心理学研究领域经久不衰且意义深远的一个问题。

"心理学谈论的大多数事情你都观察不到，"他告诉我，"它们都是构想。我们需要提出各种各样的方法来衡量它们，定义它们，但极为特殊的是，我们不能够观察到它们。比如说，我对爱感兴趣。但我能够观察到爱吗？不能。我看到一个男生和一个女生在外面的草地上滚作一团。那是爱吗？是性吗？是强奸吗？我分辨不出来。但我可以通过各种特定的行为定义爱。没有人会认为任何一种孤立的行为就意味着爱，所以我们需要把很多种行为结合起来考虑。爱，不是晚餐时的眼神交流，不是手牵手。那些只是爱的表现形式。同样，智力也是如此。"

他继续解释，测量一些永远不能直接观察到的事物的方法，是采取多种间接的测量方法，然后从统计学的角度，计算它们同步变化的程度。这种方法被称为潜变量分析，它能够让心理学家、经济学家、人工智能研究者以及其他专家学者，把数学的严谨性带入模糊的概念，比如外向性或内向性、生活质量、智慧、幸福和智力。

"真正重要的是变量，"恩格尔解释道，"任何一项测试都不会告诉你很多东西。这也是为什么在我的实验室里，我们使用至少三种，有时多达20种不同的指标来测试流体智力，因为我们在寻找一种普适的因素，以及当我们把变量因素去掉的时候，这些测试会反映出哪些共同点。"

虽然耶吉和博史库尔起初的研究只使用了一到两种测试流体智力的方法，但他们最新的研究已经能够囊括更多，至少在一定程度上可以满足恩格尔的要求。这也解释了为什么当我最终坐下来让他们测试我的流体智力时，需要等待如此之久。

●—●

克里斯·嘉吉是一名大学生，他在耶吉和博史库尔的办公室里担任研究助理。他陪我走到并排的三个小房间前。我们进入了最后一间——"绿色房间"——房间小到只能容下一个工作台和一把塑料椅子，工作台上放着一台电脑。我坐在椅子上，克里斯不得不站在门口解释，一会儿这里共有六个测试。

第一个测试称为表面开发：一系列扁平的硬纸板以某种方式裁开，它们能够被拼装成奇形怪状的盒子。这个测试的挑战在于，需要找出平面二维版本的哪一面对应三维版本的哪一面。当我阅读说明并尝试解决样例问题的时候，他一直站在一旁，祝我好运，告诉我有六分钟的时间，然后关上了门。

就算我被带到洋基体育场的投球区，投球给德瑞克·基特，都不会比完成这项测试更让人感到难以胜任。在痛苦挣扎的六分钟结束之后，门打开了。

"唉！"我悲叹道，干笑几声，让自己听上去似乎在自嘲，"这真糟糕！"

"这确实不容易，"克里斯说，以一种癌症外科医生惯有的、看穿一切但不得不保持友好的口吻，"但每个测试都不容易。那么，下一个测试叫作APM。你会看到这个矩阵拼图，它的右下角有一块缺失了。你的任务是找出规律，选择到底是哪一块缺失了。"

"哦，这个是雷文的渐进式矩阵拼图吗？"我问道。

"是的，这就是雷文的高级渐进式矩阵——APM。这里有一些样例。你觉得缺少的是哪一块呢？"

我们模拟了样例。他告诉我测试时间不限，然后战斗就开始了。事实上，前面几个问题看上去很简单，甚至答案极为明显。接下来的七个就有难度了，但还可以应对。然后，我就碰壁了。

我甚至在做某一个时笑出声来：这些神秘的符号网格看上去像恶搞，好像它是被《洋葱报》(*The Onion*)的员工编制出来的。然后，我突然意识到，这情景像是我的狗在观察我们说话，看看我们的嘴巴在动，感觉到一些意义重大的事情被说了出来，但却听不懂是什么。

将近一个小时的挣扎以后，我走出来告诉克里斯我做完了。然后，他指点我如何开始下一个测试——数字符号；接下来的一个测试，我需要弄清楚哪些小图形可以组合成一个大图形（空间关系）；然后是一些其他类型的精神折磨（形状板）。这些测试可能会被或者应该被《日内瓦公约》宣布为不合法。

"你需要休息一下吗？"克里斯回到房间问我。

"我需要喝一杯。"

还剩下最后一项测试，我们决定下午再做。下午一点钟，我回到地下室接受流体智力的最后一项测试。最后一项是另一种矩阵测试——与雷文的渐进式矩阵测试相似，但更加困难——波鸿矩阵测试（Bochumer Matrizen-Test），简称BOMAT。克里斯当天的任务已结束，博史库尔开始为我解释测试的运作机制。在我即将完成样例问题分析、正要准备开始正式测试的时候，办公室变得漆黑一片。

"又来了！"博史库尔说，"几个月前，我们经历过一次这样的断电。"

耶吉和他们的研究生走出办公室。"这可能只持续几分钟，"

她说,"上次发生时,10分钟就来电了。"

这里没有任何窗户,唯一的光来自几台笔记本电脑屏幕。我们站着聊天,等着恢复供电。15分钟以后,一个穿着工作制服的人从大厅走下来,通知每个人需要离开大楼。

"上次你们离开大楼了吗?"我问。

"没有,"耶吉说,"但也有可能几分钟之后就修好了。"

我们沿着楼梯走到一层,走到街上。站在那里,我们在讨论着,如果我一路从新泽西的家里飞到密歇根,然后还没办法完成一系列需要完成的测试,从而开始我的训练计划,这该有多荒唐。

但实际情况就是这样。我离开底特律的飞机在下午六点起飞,我需要在三点的时候离开安阿伯市。我们走到一个咖啡馆,聊了一个小时的天,然后就到了我该离开的时间。

耶吉和博史库尔向我道歉,当然,这并不是他们的过错。幸运的是,他们计划在年底,从密歇根大学前往马里兰大学任教——这离我家只有五个小时的车程。所以我开始训练前测量流体智力的计划,并没有因为停电而搁浅,只是推迟了。

最终,在几个月以后,我在马里兰接受了流体智力的最后一项测试。博史库尔告诉我,在BOMAT上,我想做多久就做多久。我花了一个半小时的时间,比我在密歇根接受的任何其他流体智力测验的时间都要长。

但实际上,我的测验还没有最终完成。尽管标准的传统智力测验也包括对晶体智力的测试,比如同义词的知识。但不管怎样,我还是想做一次传统智力测验,只是为了让整个计划更周密而彻底。所以我转向门萨俱乐部这个"高智商社团"。每年,门萨俱乐部在全美的分支机构都会组织智力测验,任何感兴趣的人只要交纳40美元就可以参加。智力测验结果在成人组排名前2%的人,就有资格成为会员。

但这里有一个难点。

门萨俱乐部只允许申请者参加一次智力测验,因为这个组织坚信这样的观点,智力不会发生太大的改变,所以根本没有必要重新测试。结果无非就是两种,要么通过,要么不通过。而且,他们要求接受测试的人出示证件或其他带有照片的身份证明。这让我在训练前后参加同样考试的计划受到了限制。我搜寻了灵魂中所有的道德顾虑,最终做出了这样的判断:这只是普遍意义上的参考指南,而不是规则。一瞬间,两个词冲进我的脑海:身份证明、盗贼。

早在今年秋天的时候,我飞到威斯康星州,乘渡船前往位于多尔县北端的华盛顿岛,与来自伯洛伊特学院的朋友一起度过了一个悠长的周末。在度假期间,我们喝了啤酒,然后是威士忌,接下来就只记得,我坐在密歇根湖岸边的一个草坪躺椅上,抽着一支雪茄,而我的亲密好友沃尔特·罗伯茨,把我的光头修整得很光洁，就像一个保龄球一样。

现在，跟上我的节奏。当我回到家的时候，我突然想起来一个叫理查德的朋友（对于他的真实身份我曾发誓一定要保守秘密，以防他被高明的门萨法律团队提起刑事诉讼），也留着漂亮的光头，并且也戴眼镜，就像我一样。所以，我给他发邮件，问他是否可以在我第一次参加门萨测试时，借用一下他的驾照。

"这真是我听到的最奇怪的请求之一，"理查德回复道，"而且这个请求在回避问题的实质，'你家的小女孩儿不能给你弄一张假身份证吗？'"

但他最终同意了——为科学做出了牺牲。在2011年的一个寒冷的夜晚，在我开车去参加这项伟大测试的路上，我从汽车广播里听到一则消息，长岛的一群高中学生花钱雇人参加学术能力评估测试（SAT），甚至使用假身份。负责管理这项考试的大学委员会的一名官员说，他并不认为冒名顶替在标准化考试中是个普遍存在的严重问题。

我一边开着车，一边思考，如果我的训练计划让我变得更聪明了，这是否会意味着实际上我能够写一本更好的书？我是否能够更擅长一些活动，比如，下国际象棋？变得更聪明的想法，还是会引起我的某种焦虑不安。这真的可行吗？这看上去似乎很疯狂，好像我准备在没有降落伞的情况下，从飞机上跳下去。

考试地点在一栋大楼的一个普通会议室里，还有其他三个人也一起参加考试：两个男人、一个女人，他们看起来都面无表情。

无论我对门萨会员的刻板印象是怎样的，这些人都明显不符合。

"好了，理查德，你准备好了吗？"监考官看着我说。我一时间还没有适应他人的名字，对此感到有些不安和措手不及。

"准备好了。"我说。

在仔细介绍了规则说明之后，他告诉我们开始进行第一部分的七个测试。数学挑战这部分，我觉得自己准备得最不好，也最无知，但相反的是，到了词汇测试部分，我多年的记者经验似乎为我带来了无与伦比的优势。词汇就是我的业务专长。问我词汇的问题，就像是用工具和汽车零部件的问题来提问汽车修理工。

这些测试加到一起，总共花了不到90分钟的时间。监考官一边把我们的试题答案装进公文包里，一边说，他几年前接受这个测试时，在词汇问题上的表现很糟糕，但在数学方面却非常棒。这也是为什么考试会包含一系列内容——这样，对于实力不同的人们，无论是数学强还是词汇强，都可以比较他们的整体智力水平。然后，他给我们所有人每人一支印有团体标志的门萨铅笔。

"祝你好运，理查德。"他对我说。

在开车回家的路上，我在想，我的训练计划是否真的可以发挥作用，以至于最终能够让我成为一名合格的门萨会员。

在我的训练计划开始之前，还有最后一项测试：功能性磁共振成像。近些年的许多研究都表明，大脑容量对智力确实会产生一定影响，但仅有少量影响。事实上，一个人大约6.7%的流体智力能够通过灰质的量来解释，这是大脑中所有神经元的容量。另外5%的流体智力，可以用一个叫作左外侧前额叶皮质的特定区域的大小来解释，这个区域位于发际线左上边缘的后面，它会在工作记忆测试中变得高度活跃。

特定大脑区域的这些适度但显著的影响，让我们深入地了解到，为什么女性的平均大脑容量要比男性的小10%，但是在平均聪明程度上却与男性没有多少差别。实际上，一般女性的脑灰质会比男性的多，而男性的脑白质比女性的多。男性在执行视觉空间任务时表现更出色，而女性在语言流畅性和长期记忆上比男性优秀。尽管1983年的一项研究发现，在SAT中，数学部分得分超过700的男生占总人数的比例是女生的13倍；但到2010年，这一比例骤降到不足四倍，这证明了社会态度和教育机会至少与生物命运一样强大。然而，实际上，男性患认知障碍的可能性要略高于女性。

研究人员发现，比脑容量更重要的是大脑各个区域的功能，以及它们如何彼此联系和沟通。2012年8月，圣路易斯华盛顿大学的研究人员对左外侧前额叶皮质与大脑其他部分的连接强度进行了研究。他们发现，虽然左外侧前额叶皮质的容量占到影响流体智力因素的5%，但这部分与大脑其他部分的连接强度会占到10%——比其他可观测到的大脑因素都要高。

"我们认为存在这样一种假设，如果这个区域的活动对于智力如此重要，那是因为它需要与大脑的其他部分进行连接，要连接你的感知、你的记忆以及其他的一切。"这项研究的第一作者迈克·科尔（Mike Cole）这样说道。他是华盛顿大学认知控制和精神病理学的博士后研究员，我通过电话与他进行了沟通。"我们想尝试看一下，当一个人在休息的时候，在功能性磁共振成像中没有做任何特定的任务时，是否能够预测或关联他左外侧前额叶皮质与大脑其他部分的连接强度。你瞧，我们做到了。这具备极高的统计学价值。"

我问他，是否愿意在我完成大脑训练计划的前后，也对我的大脑进行类似的扫描。他说可以，但我还需要与他的老板——他所在实验室的主任托德·布拉维尔（Todd Braver）确认。即便他也同意了，他们还需要获得巴恩斯-犹太医院伦理审查委员会的批准，这家医院是功能性磁共振成像设备的所有方。

等到万事俱备，距离我去安阿伯市拜访耶吉和博史库尔已经过去了将近一年的时间。最终，在2012年10月3日，我来到圣路易斯接受扫描。托德·布拉维尔在他的办公室外面欢迎我，建议我们去附近的一个咖啡馆讨论他和科尔的研究。布拉维尔只比耶吉和博史库尔年长一点点，已经是知名学术研究实验室的主任了。我访谈的第一个问题，是他实验室的合伙主任是谁。

"戴安娜·巴克（Deanna Barch），"他说，"实际上，她是我太太。"

布拉维尔对他的太太做了完全客观的描述。"我太太是女超人,"他说,"她是极为了不起的研究员。我们之间关系的唯一负面因素,就是与她相比,我特别容易有种不安全感。未来几年,她可能会主管我们整个部门。她是《认知、情感和行为神经科学》(Cognitive, Affective, and Behavioral Neuroscience)杂志的编辑。她还参与了大学里基本上所有的委员会。她是那种每天早上四点起床、在孩子们七点起床前能写好多手稿的人。她还是我们女童子军的队长。她会让每个人都觉得:我是不是做错什么了?她也是一个极其友善的人。她并不傲慢,也不自负。而她选择了我。这是唯一能让我感到安全的事情。她肯定是发现了我的一些优点。"

他持续不断地谈论他的太太,但让我们回到这如何与智力的本质相关。是的,关系很大。

"我对动机和认知之间的关系极为感兴趣,"他说,"我想要理解自己的动机水平;有时,我担心自己没有被充分地调动起来。当我六岁的时候,人们会说,'这孩子真是个天才'。我的父母都是教授。我来自典型的东欧犹太人传统家庭。家里的每个人都有高学历。毫无疑问,将来我也会上大学,获得高等学位。然后,我遇到了一点危机,辍学了几年。我做的每一件事,都是因为周围人对我有所期待。"

当他开始意识到自己对心理学研究的热情,他已经是普林斯顿大学乔纳森·科恩(Jonathan Cohen)实验室的一名研究生了。乔纳森·科恩是在认知控制的神经基础研究方面世界领先的研究员之一，而这个课题也正是乔纳森毕生致力的研究领域。

因为我访谈的每一位心理学家，对认知控制的定义都有不同的看法，我问布拉维尔他的理解是什么。"当我们谈到认知控制时，"他说，"这意味着有能力抑制注意力的分散，有能力保持工作记忆中的信息，有能力在任务之间切换，并在受到干扰时有选择地参与。我们也会认为它与目标设定有关。"

布拉维尔说，在认知控制的方面，他的太太兼合伙主任才真正表现突出。

"戴安娜真正拥有的过人能力是认知控制，而不是原始智力，"他说，"一开始，没有人认为她很聪明。但这就是认知控制和智力相关但又不完全相同的地方。她具备良好的自我认知、良好的延迟享乐能力，即认识到当下的回报不比延迟的回报价值更大，并且知道该如何控制冲动——冲动控制是认知控制中很重要的部分。戴安娜的专注程度极好，在需要的时候，她能够多项任务并行处理，并且她有良好的认知能力，可以控制自己的情绪。所有这一切，创造了一个良性循环。"

布拉维尔让我明白了，控制一个人的思想，控制一个人的情感，控制一个人的目标和行为，这些能力是密切相关的，与潜在的神经机制常常会重叠交叉。他还让我知道了，他是北美最幸福的已婚男士之一。

然后，到了我做大脑扫描的时候。

我们开车去巴恩斯-犹太医院，坐电梯到10楼，直接走进临床成像研究中心。在那里，我们遇到了迈克·科尔、几位研究助理以及功能性磁共振成像操作员——他身材高大，满头银发，蓄着山羊胡子，穿着科学家们经常在实验室里穿的白大褂。他们坐在功能性磁共振成像控制室，里面有八个电脑屏幕，有些连接笔记本电脑，有些连接老式台式机，通过一个玻璃窗，可以看见相邻房间的情景。他们指挥我从兜里拿出所有金属制品，同时摘掉眼镜。因为我需要眼镜看清远处的情况，而这个测试需要我看着电脑屏幕做N-back练习，他们给我一个矫正视力的塑料眼镜，然后把我引入放有功能性磁共振设备的房间。

这台外形像隧道的机器，宽和高都有三米，一个塑料嵌板从它的"嘴"里凸出来，我被要求躺在上面。我横躺着进入机器，就像一盘小甜饼被送进烤箱。我对此一点也不担心，但幽闭恐惧症是我从未经历过的恐惧。所以我躺在嵌板上，戴着护目镜和大号耳机（戴这个是为了听清从另一个房间传出的指令），急切地希望开始实验。然后，他们中的一个人毫无预兆地说："好吧，我们现在就把你的头锁住。"接着把一个桥形装置放在我的额头上，并在我下面的平台上按了一下。这个装置上有一面小镜子，挡在我眼前，阻碍了我看向天花板的视线。这意味着，我能够直接看到身后的场景。在那里，机器的末端有一个电脑屏幕，这样我就可以看到N-back任务。但由于我的头被固定，护目镜和耳机还罩着我的眼睛和耳朵，我感到思路混乱，有些恐慌。这时，我还没有进入机器。

"嗯，你们能让我坐一分钟吗？"我问道。

助理解开了我头上的锁。我坐起来，摘掉了护目镜和耳机，做了几次深呼吸。

"我还没准备好——头被那样扣住，"我说，"那让人感到紧张。"

我等了一分钟，让恐慌的感觉消散，然后又试了一次。这次，我坚持了大约一分钟才要求他们让我起来。等了五分钟来平复自己的心情，然后再试一次，这次坚持了很长时间，让机器能够送我进入扫描仪。进行到一半，我又感到惊慌失措，不得不退出来。

"我感到很沮丧，"我说，"难以想象，我从圣路易斯远道而来是为了这个。"

操作机器的那个大个子极为友善。"没关系，"他说，"很多人都会感到恐慌。一般情况下，他们需要服用镇静剂，但在工作记忆测试中不行。你想要出去走一走吗？喝杯冰水？来吧，我带你去。"

我们沿着走廊走到一个小厨房，他从那里拿了几块冰，给我倒了一杯水。我一饮而尽。"让我感到恐慌的并不是进入机器的时候，"我说，"而是我的脑袋被扣上护目镜和大号耳机的时候，这实在让人头昏脑涨。"

"每周都会有人在机器面前把持不住，"他说，"但我知道，这些人当中,没有人会为了写一本书穿越半个国家来做这个。"我们回到放有功能性磁共振成像设备的房间,我决定绕着机器走一圈,让我自己充分准备好应对可能出现的情况。我走到机器末端,那里放着计算机屏幕。我把护目镜戴上,然后把耳机也戴上。

"好了,让我们再试一次,"我说,"但这次,我想在躺到平台上被锁住头之后停一两分钟,并试着习惯这种感觉。"

当他们把我的头锁住以后,我抬起手摸摸护目镜、耳机以及头部周围的锁。我动动脚,转转脚踝,上下扭动我的头,发现实际上我只能够移动0.3米——当然,我并不是想在扫描时动。"你现在非常安全,"我告诉自己,"是你自己选择做这件事的。"当想坐起来的冲动从我内心涌出时,我想象我和我的狗躺在床上,它名叫休格,是疯狂黏人的比熊犬,它趴在我的腿上。

"你觉得怎么样?"设备操作员站在不远处,问道。

"让我们开始吧。"我说。

他离开房间,打开开关,让平台滑进了甜甜圈洞里。

"你还好吗?"他问我,声音从耳机里传出来,"需要我现在开始吗?"

"开始吧。"我说。

恐怖的颤动的噪声,像手提钻持续敲打的声音,或是摇滚乐的鼓声,将在接下来的三分钟包围我。在30秒的沉寂之后,接下来产生的声音听起来很怪异,哔哔哔、停顿、哔哔哔、停顿、哔哔哔、停顿,让我想起20世纪50年代科幻电影里的情节——一把光束枪让一辆旅行车瞬间蒸发。在另一阵寂静之后，爆发出一个不一样的噪声，这个更有节奏，像一个失控的洗衣机，但会在每一次重击结束后发出一个空洞发麻的声音。最后，在经历了10分钟的令人想哭、难以忍受和需要咬牙坚持的环节之后，他们准备好让我做N-back练习了。在这个过程中他们继续扫描，但机器的噪声很大程度上被削弱了。与耶吉和博史库尔使用的版本不同，这个N-back版本呈现了一系列图片，任务是如果同一张图片在两次前出现过，就按下我手中的目标按钮。有些图片是面孔，有些是工具，有些是建筑，有些是风景，还有些是奇怪的手臂、手、腿的特写。有些图片的意图很明显，就是要让人混淆。

一开始，我完全晕了——我本以为，所有的N-back任务都像耶吉和博史库尔使用的那样，有一个黑点在井字格里移动。但克服了最开始的惊讶后，我意识到需要集中注意力在这些面孔、工具或者其他一切东西上，以保证能够跟上进度，后来我认为自己很好地掌握了窍门。

在机器里待了大概40分钟以后，整个过程结束了。回到控制室，他们给我看了我大脑的影像。

"所以，我终于做到了，"我说，"这可真让人欢欣鼓舞。"

我已经完成了训练前测试，现在可以开始准备我的大脑训练计划了。但是，计划到底是怎样的呢？**有效的方法到底是什么**？除了N-back之外，有其他更稳固、有科学依据的方法能够让人们变得更聪明吗？

第三章　优秀的大脑训练师真是知音难觅

众多的商业项目宣称，其大脑训练的有效性有科学证据的支撑。但是，要弄清楚哪些能够经得起严格的推敲，哪些应该纳入我自己的训练计划当中，着实不易。也许，该领域最知名的项目，是川岛博士的大脑训练，它于2005年首次发布，也被称作"大脑时代：每天花几分钟训练你的大脑！"。虽然这个软件已经售出1900万份，并且甚至有一些神经学家也在推荐通过它来预防阿尔茨海默病，但这个游戏的制作方任天堂公司，坚持认为这个软件是纯粹用来娱乐的，谢绝宣传任何其他益处。实际上，只有少数研究发现它能够带来这样的益处。

但有五种商业上的方法，声称确实取得了可喜的效果。其中一种是由托克尔·克林伯格开发的，这位瑞典科学家2002年的研究，启发了（也困惑了）耶吉和博史库尔。当他的研究发表的时候，克林伯格和一些同事已经与卡罗林斯卡学院合作，成立了一家名为Cogmed的公司，把训练工作记忆转变成了一项业务。他们为这家企业带来了一种以前缺乏的科学可信性。没有夸张的自吹自擂，Cogmed公司坚持通过心理学家和其他经过临床训练的博士来提供计算机上的训练。最初的目标市场是患有多动症的儿童，他们的父母希望能够找到药物以外的方法提高儿童的注意力。

到2003年，Cogmed公司在瑞典有了第一批付费客户。两年后，克林伯格和他的同事们进行的第二项大型研究发现，他们的工作记忆训练提高了多动症患儿的综合推理能力和遵守父母制定的规划的能力。2006年，他们在美国招聘并训练了四名心理学家为客户提供Cogmed训练，还有一名在瑞士。到2010年，已经有六大洲25个国家的心理学家在提供这项训练，补充研究表明，他们帮助了众多患有认知障碍的成人和儿童。在同一年，Cogmed被培生集团（Pearson）收购，这是全球最大的教育集团，这重要的一步暗示了大脑训练能够成为一项多么广阔的业务。（充分披露：培生集团曾是全球最大的图书出版公司之一企鹅兰登书屋的共同所有权人。本书在美国的出版社是哈德逊街出版社，它的所有者正是企鹅兰登书屋。）

"我们与全世界的医疗服务提供商和学校一起，为那些被自身工作记忆束缚的人们提供Cogmed训练，"公司的官网上这样写着，"Cogmed是新兴循证认知训练领域的领导者。我们已通过科学的验证研究表明，Cogmed训练能够有效而持久地改善工作记忆力差的人们的注意力——适用于所有的年龄群体。这使Cogmed的产品成为市场上最有效的产品。"

这样的说法不会过于自信吗？我在曼哈顿西街23号的一间很小又很拥挤的咖啡馆向克林伯格提出了这样的疑问，当天下午他要在哥伦比亚大学做一次演讲。他穿着一件黑色皮夹克，皱了一下眉，估计之前已经多次听到类似的批评性问题了。

"好吧，"他耸耸肩说道，"我们在1999年就开始进行实验研究。当然，你可以说我们现在还没有准备好，我们应该再等上10年，到那时我们就有几千名参与者了。这是认知训练研究普遍存在的问题，我们没有进行像制药公司那么大型的研究。另外，这件事情并没有那么危险。如果我们已经研究了5年，难道我们就不能够让人们尝试一下吗？我觉得可以。"

他指出，Cogmed所宣称的只是它能够改善和提高工作记忆，而不是流体智力本身。即便很多研究已经发现，工作记忆和流体智力紧密相关。

"我们可以一次又一次看到，"他说，"训练效果是工作记忆的改善以及注意力的提升，包括日常生活中的注意力。这并不是全部，但如果我们能够拥有这些改善就已经很好了。很多成人和儿童都存在明显的工作记忆和注意力问题。现在，我与Cogmed已经没有任何经济利益关系了。我过去对Cogmed施加的影响，就是让他们谨慎小心。他们不会妄言这可以让你的大脑变年轻或提高你的智力。"

虽然我读过他所有的研究，但我告诉他，我还是很难准确地理解Cogmed到底提供什么类型的计算机训练任务。

"这里有12项任务，"他说，"都属于视觉空间类型。工作记忆中，注意力扮演的角色几乎都与空间有关。当你集中注意力的时候，即便你只是集中注意力与我在这间咖啡馆里交流，都与空间有关。当这里有很大的噪声时，你可能会将注意力转移，看看声音是从哪儿来的。现在，能够维持你的空间注意力，并把注意力焦点放在我身上，这对你很重要。即便只是我说的几个字，也会出现重要的空间关系。所以，如果你能够提升空间相关领域的稳定性，你会更擅长视觉空间任务，就会更专注于把注意力焦点放在我身上，而不是那边的噪声。"

为了对Cogmed公司提供的训练有更好的认识，我约见了临床心理学家妮可·加西亚（Nicole Garcia），她在新泽西州蒙特克莱尔提供训练，那里离我家只有几千米。她让我坐在她的电脑前参与了众多游戏。（她强调，Cogmed公司称之为"训练任务"，而不是游戏。但对于我来说，这看起来就是游戏。）

我点开了一个叫"3D网格"的任务。它展示了一个立方体的内部，因为上方被移除了，可以看到里面，四边和底部划分成四个平面。游戏开始的时候，几个平面升起来；我需要按顺序点击它们，证明我记住了。另一个游戏叫隐藏，展现了一个标准的数字键盘，就像手机和计算器上的那种。当一个男声说一小串数字时，键盘隐藏起来了。当他说完数字串的时候，键盘重新出现，我需要把这串数字敲进去——以相反的顺序。第三个游戏，显示了一个大圈上串着九个小圈，就像绳子上的一串珍珠，或是摩天轮上的一圈车厢。随着大圈沿着顺时针的方向缓慢旋转，这些小圈被随机点亮。一旦按顺序完成，我需要用同样的顺序点击这些小圈。

在第一回合，所有这些游戏都简单到难以置信，但很快就变得有难度了。这意味着要记住的顺序更长或图像出现得更快。我开始出错。

"只有亲自做这些任务，你才能理解它会变得有多难，而且会变得越来越难，"加西亚说着，笑起来，"我需要做所有25个训练环节，所以我知道。"

虽然她在2004年就听说过Cogmed公司，但她一直在等待接受训练，并且直到2011年才开始把它纳入为成人和儿童提供的治疗范畴。

"我有一个客户，他23岁，一直在治疗多动症，"她告诉我，"他在接受多动症的药物治疗，这有一定帮助，但到了某一阶段，我感觉我们好像遇到了障碍。他还在上大学，真的难以完成学业。我寻找了各种不同类型的项目，最终决定选用Cogmed。我想，这可能会为他开启大门，指引他继续前进。

"他完成这项训练已经有一年的时间，且能够持续看到收益。Cogmed在他身上有效并且产生了药物治疗也不能够达到的效果，我作为一名心理学家无法通过语言表达这种心情。这个学期，他第一次没有跟不上任何课程，没有获得任何一个F。"

她已经为几十名病人提供过Cogmed治疗，小到六岁，大到63岁（还包括一名成功的律师，她在40岁时被诊断患有多动症）。她现在很相信Cogmed治疗的效果，有时是与药物治疗一起，有时是单独的训练。虽然训练完全在电脑上进行，她强调，Cogmed需要训练师与个人共同完成，这种方式可以保持积极的动力和坚持不懈的毅力。训练一共25个环节，需要支付2000美元，这与其他类型的多动症治疗比起来，相对经济实惠。

"并不是每个人都适合这样的训练方式，"她说，"但当每个人能够实际进行训练并完成训练的时候，我没看到有谁没有从中受益，也包括我在内。我个人的方向感不好。每个人都有劣势。在接受Cogmed训练之前，即便带着我的GPS，当它说'在下一个街道，向右转'，我都会转错路口。我从没想到，我的驾驶技能会因为Cogmed训练而提升。突然有一天，我发现——哦，我的上帝，我再也不会迷路了。"

尽管像加西亚这样的证据五花八门，但对持怀疑态度的科学家来说，它们是最不具说服力的证据。纵观几千年的医学史，每一种古怪的治疗方式都依赖于这种证据。"看，这个医生给我水蛭，现在我的痛病已经治愈了！"（这是一个有趣的例子，因为水蛭实际上会带来意想不到的效果，就像通过声音治疗来清洗某些伤口。）Cogmed之所以能够胜过其他所有形式的认知训练，是因为众多已公布的以及还在进行中的随机临床试验，有力地证明了它的益处。这些实验都是由知名研究机构的独立研究员主导的，与公司没有任何商业联系。

"我是以怀疑论者的身份加入的，"加利福尼亚大学戴维斯分校心智研究院多动症项目总监朱莉·施韦策（Julie Schweitzer）说，"我的担心在于，你可能会遇到那些绝望的家长，他们对于孩子们接受的治疗不满意，或者他们排斥药物治疗。"

当她写了一份研究Cogmed作为多动症治疗方法的拨款申请书时，她告诉我："令我吃惊的是，一位评论人员的评论是'我们已经知道这很有效'。我当时感觉到，而且现在也是这样认为，我们需要进行更多的研究。"

她的研究对象是26名被诊断患有多动症的儿童。她将25次Cogmed训练与另一种计算机训练进行了比较，这种训练不会随着儿童能力的提高而变得越来越困难。为了测试它对多动症最严重的后果之一——注意力分散，不能够持续专注于任务——的影响，她使用了一种客观的测量方法，称为限制学习情境任务，简称RAST。

"我们让孩子们待在一个房间里，给他们一些玩具。然后把玩具放到一边，给他们一堆数学题，"她解释道，"我们告诉他们做15分钟数学题，然后离开房间，但会通过录像记录整个过程。之后，我们会对录像带的每30秒钟进行打分：他们有的在专注于任务，有的没有专注，有的在玩玩具，有的在喊叫、烦躁不安、离开座位或做其他事情。"

施韦策的这项研究，于2012年7月在《神经治疗学》（*Neurotherapeutics*）杂志上公开发表，研究发现对照组的孩子们在任务上花费的时间，在研究开始和结束的时候一样多。但接受过Cogmed训练的孩子们投入在数学题上的时间大大增加了——在每个任务上比对照组多出六分钟。

"我们得到了有效的结果，但这只是一个很小型的研究，"施韦策说，"总的来说，我对多动症工作记忆训练的潜力持谨慎乐观的态度。与传统的治疗方法相比，患者对于新疗法存在巨大的需求，尤其是我工作中遇到的那些青少年。截至目前，药物治疗是我们能够使用的最佳方法并且很有效，但这并不能修复一切。我的很多病人既不想再接受药物治疗，也担心会引起过多副作用。我们需要更多的工具。如果这能奏效，那就太棒了。"

多动症并不是唯一一种工作记忆能力受到不利影响的疾病。施韦策正在进行一项关于Cogmed的小型研究，研究对象是患有脆性X染色体综合征的儿童，这是一种先天性的智力障碍。虽然这项研究尚未完成，但她说："我可以提前告诉你，确实会有一些孩子能够完成这些任务。他们中的大多数都可以做到这一点。他们的父母激动不已。"

从癌症中存活下来的儿童，是另一个常常需要认知复原的群体。"20%～40%的白血病幸存儿童，随着时间推移，最终会出现认知改变，"华盛顿国家儿童医疗中心的神经心理学家克里斯蒂娜·K.哈迪（Kristina K. Hardy）说，"对于接受脑癌治疗的儿童，这个数字保守估计都要达到60%～80%。"

这些年少的幸存者，与其他需要认知复原的群体的差异在于，放射治疗和化疗对于大脑产生的影响，会随着时间的推移显现出来。一项近期研究发现，急性淋巴细胞白血病的幸存者在接受治疗之后，他们的语言智力没有任何明显的改变，但到了成年早期，他们的智商值平均下降了10.3分。

"比如说，受到脑外伤的人一夜之间丧失了很多技能，而你希望把这些技能重新培养起来，"哈迪告诉我，"接受癌症治疗的儿童并没有丧失技能。他们只是没办法像过去那样获得新技能。当他们第一次接受治疗时，我们看不到治疗的副作用。但等到一年以后，当他们的治疗都已经完成并重返学校，他们不能像曾经那样学习新的知识了，不再能够得到和以前一样的分数，因为他们的工作记忆和注意力已经受到影响。随着时间的推移，你常常会看到学习能力和智力水平的下降。"

虽然许多孩子在不需要后续治疗的情况下能够恢复到治疗前的认知能力，但那些不能恢复的孩子，治疗的副作用会在他们成年后才更完全地暴露出来。

"当我们研究那些曾在童年时期接受癌症治疗的成年幸存者时，"她说，"我们发现，作为一个特殊群体，他们不能够像同龄人那样取得阶段性的发展。他们或者没有结婚，或者仍然与父母一起生活，或者没有从学校毕业，或者没有在毕业后立马找到工作。作为一名临床医生，当你看到一个孩子很不幸地被诊断出患有癌症，然后幸免于难活了下来，而认知能力上的改变却会永远影响他或她的人生，这实在令人感到沮丧。虽然知道会发生哪些结果，但真正让人难过的是，看到一个孩子刚刚完成治疗，我却没办法阻止这些不利改变。所以，我开始寻找一些能够改善认知功能和提高效果的方法。"

2012年，她发表了一项初步研究，将Cogmed与一个作为对照组的计算机训练对比，对照组的游戏难度不会随着孩子们在任务上表现越来越好而提高。20名脑癌和白血病幸存者中，参加Cogmed训练的组在视觉工作记忆和父母认为的学习问题方面，比对照组的改善更为明显。"开始加入时，我对于做些电脑任务就可以帮助人们持怀疑态度，"哈迪说，这呼应了施韦策的话，"我认为我们可能没办法实现这个目标。也并不是每个人都能够获得很大的改善。但我看到一些孩子在接受训练之后，不仅在生活中发生了很大的改变，而且把他们带回实验室进行神经心理学测试时，我们也看到了巨大的改变。凭直觉来看，我确实相信，有些孩子能够通过这样的训练做得更好。我并不是说每个孩子都会这样。但在我近期众多的实验当中，50%～60%的儿童获得了具有临床意义的进步。"

基于她了解的事实，我问哈迪，是否会向癌症幸存的儿童，或面临其他认知挑战的儿童都推荐Cogmed训练法。

"现在，我对于做出任何推荐都极为谨慎，"她告诉我，"我发表的研究中，数据样本量都很小。我们仍然不知道最佳的训练量是多少，或者哪种方法可能带来最大收益。但我会持续研究更多的儿童，并且，孟菲斯圣裘德儿童研究医院（St.Jude

Children's Research Hospital）的研究者，明尼苏达大学的研究者，也都在对Cogmed进行研究。我真的很期待看到他们的研究数据。"

与此同时，她说："对于这些孩子来说，我们处于两难的境地，我们要么袖手旁观地看着他们的病情每况愈下，要么努力尝试做点什么。对于我和众多家庭来说，每天在电脑上做30分钟的练习，是一件非常有益的事情。最坏的情况也只是没有能够帮到他们。但我们知道，随着时间的推移，工作记忆的改变会与心智功能和学术成就紧密相关。所以，如果我们能够在工作记忆出现问题的时候控制住问题，或许也能够缓和或延缓长期的问题。"

我的总结：我对于Cogmed的研究印象深刻，参与的研究人员都极为严谨，训练都是由训练有素的心理学家开展的，而且价格也相对合理和公平。如果我想要治疗一种被诊断出的认知障碍，我肯定会考虑把它列入我的首选项。但由于我想要增加我的流体智力，它看上去并不太合适。为了我个人的训练计划，我把Cogmed从列表中划掉了。

Lumosity

Lumosity采用了一种医疗化程度较低、更加民主的方法进行认知训练。它的电视广告使用户群达到了4000万，不过，该公司并没有披露其中多少是付费用户。我社区的两个邻居告诉我，他们在使用它，而一周前，当我准备飞往旧金山拜访这家公司的总部时，我收到了另一个在伯洛伊特学院的老朋友发来的邮件。"我的妹妹试着劝我在这个'头脑训练'系统里注册，"他写道，"你听说过这些人吗？"这个链接地址正是 Lumosity 的。

我到了他们位于旧金山市中心干尼街一座修复过的建筑的第六层的办公室，走过一堵裸露的砖墙，进入一大片开放办公区，那里有几十个20多岁的人，专心致志地敲击他们的电脑，他们之间甚至没有隔板。茶水间的柜台上放着三台咖啡机，地上立着两个带玻璃门的冰箱——一个储藏着果汁，另一个储藏着啤酒、白酒和伏特加。这符合我心中对于谷歌卫星办公室的全部想象。除了，哦，等一下，墙上贴着填字游戏？这是由泰勒·辛曼（Tyler Hinman）创造的，他连续五次赢得美国填字游戏锦标赛冠军之后，在2010年离开谷歌，加入了这家公司。

"我在四处寻找能够让我更近距离接触这个游戏的地方，我享受填字的乐趣，"辛曼告诉我，"但是，字谜和数独游戏是为了消遣娱乐，这里的游戏也可以给你同样的感受，区别在于，它们被设计用来改善你的大脑、你的记忆力，以及你解决问题的能力。"

公司的媒体代表引导我走到一个看起来像金属车库的门前，它的宽度足够让两辆车并排通过；按下一个按钮，门被卷进天花板里，出现一个会议室。我们见到了公司的联合创始人迈克尔·斯坎伦（Michael Scanlon）以及研发副总裁乔·哈迪（Joe Hardy）。

斯坎伦告诉我，2005年他在斯坦福大学攻读神经科学博士学位。"我当时看到非洲丽鱼科鱼——它们真是很酷的小鱼，"他说，"如果你把一只雄鱼和另一只雄鱼放到一个水箱里，突然其中的一只就不再能够繁殖了。它的性腺在萎缩；它的颜色从亮色变为灰色。这些变化很干净利落，因为你可以看到它们发生在数小时或数分钟内。我在观察，它们的大脑发生怎样的改变才导致生殖系统的变化。这真的很有趣，但过了一段时间，我开始觉得这与人类应用实在相去甚远。"

斯坎伦在普林斯顿大学的一个朋友——库纳勒·萨卡尔（Kunal Sarkar），曾经为一家私募股权公司工作，这家公司从投资一家健身房连锁店"24小时健身房"中获取了巨大的利润。萨卡尔正在寻找可以投资的新业务，就像"24小时健身房"这样的，但是锻炼的对象是大脑。他找不到任何一家公司像"24小时健身房"那样与众不同，极具吸引力，服务内容广泛，适合大众口味。所以，他、斯坎伦以及程序和游戏设计师戴夫·德雷舍尔（Dave Drescher），三个人决定要创建一家属于他们自己的公司。

为了投入必要的时间让公司运转起来，2005年，斯坎伦离开了斯坦福和他的丽鱼科鱼，兜里的积蓄只够撑一个半月。

"所以我开始玩在线扑克，"他告诉我，"我每天晚上玩几个小时。我有一个好朋友，他在几年间，通过玩扑克赚到100万美元。他就是我的导师。"

Lumosity于2007年成立，并开始以每季度20%~25%的增幅快速发展时，斯坎伦人生中最大的赌博获得了回报。2011年6月，公司收到一家风投公司3250万美元的投资。根据公司提供的数据，在一年内，他们的会员数量就达到了2500万。到2013年4月，他们对外宣称有4000万会员。

"你的大脑——只会更聪明"是这家公司的口号。我第一次访问他们的网站是在2011年，上面写着"我们的用户反馈他们获得了意义深远的收益，包括：思维更清晰、更快速；解决问题更高效；警觉性和觉知增强；在工作或开车时更专注；对姓名、数字和方向的记忆更灵敏"。

这家公司的创始人说，这些结果是通过把那些枯燥无趣但经过验证的认知任务，包括N-back和复杂跨度，包装成丰富多彩的游戏实现的。实际上，他们的N-back版本与耶吉和博史库尔的版本相比，简直面目一新。（虽然这两位研究人员确实有在游戏的构建上给该公司提出意见，他们这样做没有获取任何回报，至少他们是这样告诉我的。）Lumosity的版本，显示一只青蛙在睡莲叶子上跳来跳去。游戏一开始，参与者点击青蛙刚刚离开的叶子（1-back），然后逐步点击跳两次、三次、四次以及更多次的叶子。

但Lumosity的游戏名单里，包括很多与N-back不相关的游戏。"比如怪兽花园，"哈迪说，"你看到一群怪兽跳到这个网格上。然后它们走开，你需要从网格中找到一条路，保证不会踩到怪兽们待过的任何一个方格。"

他们的一些游戏与Cogmed的看起来没有什么区别，这就是两家公司的相似之处。心理学家们不需要对参与Lumosity的人进行评估、监控或指导训练；任何人都可以在线注册，支付每月14.95美元或每年79.95美元的费用接受训练。同时，据我所知，并非所有40多个游戏都有公开发表的科学依据，表明训练会提升对现实生活有用的能力。

据说，Lumosity已经成为15项发表在科学期刊或科学会议上的研究的主题，并且用于几十个正在进行中的跟踪研究。在2011年，斯坦福大学跨学科脑科学研究中心的心理学家兼助理教授雪莉·凯斯勒（Shelli Kesler），发表了两项针对Lumosity的初步研究。一项是基于23名癌症幸存的儿童，发现Lumosity练习提高了他们的神经反应速度、灵活性和记忆力。另一项是针对16名7~14岁患有特纳氏综合征的女孩，这是一种先天性遗传疾病，患者在数学方面有认知障碍。凯斯勒使用与Lumosity联合开发的三个数字游戏对这些女孩进行训练，发现这提升了女孩们的数学技能。这两项研究都没有随机对照组，所以，我们并不知道这些改变是否也会发生在对照组。但在2013年5月，凯斯勒发表了她针对Lumosity的最新研究，这次设计了随机对照组，研究对象包括41名乳腺癌幸存者，其中21名被安排在12周内接受48个环节的训练，剩下的20名被放在等待名单里。凯斯勒在《乳腺癌临床医学》（*Clinical Breast Cancer*）杂志上发表的文章指出："通过标准化的测量评估得知，认知训练会改善认知灵活性、语言流畅性和处理速度，同时会显著提升下游功能，如语言记忆。与等待名单组相比，主动组对执行功能技能的自我评估提升了，包括计划、组织和任务监控。"

"我喜欢Lumosity的原因之一，是他们提供了众多不同类型的任务，而不仅仅是一件，"凯斯勒告诉我，"这强有力地证明了，几种不同类型的医学问题，包括癌症、艾滋病、糖尿病和多发性硬化症，都与严重的认知问题相关。当我在诊所遇到这些病人时，我几乎总是会推荐他们尝试Lumosity或其他类似的游戏。从根本上来说，我确实相信这会有帮助。即便你是一位健康人士，这也值得考虑，它有助于你的大脑保持活跃和健康。我唯一的顾虑是，如果你对外宣传它在任何情况下适用于任何人，可能会让你陷入麻烦。"

虽然公司在积极地支持跟踪研究，进而准确地记录下哪些游戏能够在什么情况下帮助哪些人。但公司首席执行官萨卡尔告诉我，很难想象人类的认知能力无法通过训练来提升。

"我高中的时候在很认真地练习跑步，"萨卡尔说，他在印度的那格浦尔长大，那是一个位于印度内陆深处的小城镇。他的父亲是一名土木工程师。他12岁时，举家搬到长岛，"当我第一天出现在跑道上时，我能够看出来哪些孩子有能力跑得很快，而哪些不能。但这并不是命中注定的。在高中的第一年，我并不是跑得最快的孩子，但我一直非常非常努力地练习。由于我的天赋水平，我可能永远也不能成为大学里的顶级赛跑选手，但我很确信的是，我能够达到一个相对不错的水准。所以我认为，诸如'你不会取得更多进步，因为有些因素是固定的并且完全难以改变'这样的观点，并不正确。如果我相信这种观点，我就不会是现在的我。诚然，我们处在了解认知训练的工作机理的早期阶段，而我们也正在通过投入大量的资金来寻找这些依据。但令我们欢欣鼓舞的是有机会创造出真正有用的产品。"

公司的数据库规模已经让许多学术研究人员羡慕不已，该数据库记录了每个用户的学习进展和人口统计信息。

"我们有全球最大的人类认知表现数据库，"乔·哈迪告诉我，"谷歌知道你喜欢买什么。但我们知道如何让你变聪明。"

2012年3月，公司对外发布了它基于数据库的首次公众分析，结果显示，每天睡7小时或喝一两杯酒精饮料的用户，在认知任务上的表现要优于那些睡眠时长更多或更少、喝酒更多或更少的人。这是正确的：适量饮酒者比滴酒不沾的人表现要好，而睡眠过多与睡眠过少，都会对心理表现造成伤害。然而，最显著的影响因素是锻炼。那些每周至少锻炼一次的人，比那些从来不锻炼的人，处理问题的速度要快9.8%，解决数学问题的量要多5.8%，空间记忆能力要好2.7%。

公司数据库反映出来的另一个令人惊讶的事实是用户的年龄

范围。虽然斯坎伦和凯斯勒曾设想，Lumosity 应该对婴儿潮一代最有吸引力，但结果显示，1/4 的用户却是 11~21 岁的学生。

斯坎伦坦言："在公司成立初期，我脑海里的特定用户是我妈妈。"

或许该公司面临的最大挑战，并不是提供更多的依据来证明这个游戏确实能够改善认知功能——4000 万会员显然已经相信这是真的，而是如何让那些用户回到平台上继续练习。这解释了为什么像泰勒·辛曼这样的游戏玩家，会与神经科学家和心理学家一起工作。

"我们花了很多努力让游戏变得更愉悦，当然会比去健身房要愉悦得多，"斯坎伦说，"我们面临着与'24 小时健身房'同样的问题。人们怀着美好的意愿加入，对于他们取得的进步感觉良好，然后生活的现实阻碍了前进的方向。所以，我们每天工作的一个重要部分，就是要让产品变得尽可能有吸引力，目的是要提高训练依从率。"

我的总结：虽然并不是所有的 Lumosity 游戏都能够自豪地证明，它们的价值与 N-back 或 Cogmed 的工作记忆任务不相上下，但它们中的大部分都可以。并且，多样性很可能是一笔财富，尤其是在科学界并没有在具体哪些任务对于特定个体最为有效这个问题上达成一致的情况下。目前还没有任何研究把 N-back 与 Cogmed 提供的复杂跨度任务的有效性进行对比。所以，正如我们所知道的那样，40 多个游戏的自主组合，可能会包括一些比 Cogmed 提供的训练更强大的部分。虽然，坦白地讲，其中的某些游戏肯定也是毫无用处的。不过，价格还算合理——我每天付给星巴克的钱比我每月付给 Lumosity 的钱还要多，而且这个游戏一天 24 小时随时可以练习，我也很喜欢这一点。

虽然有一丝忧虑，我还是把 Lumosity 加到我的训练计划中，同时加入的还有 N-back。

Posit Science

在距离 Lumosity 总部两个街区的地方，一个单调得让人误以为是会计公司的办公室里，我发现了一个更为冷静和偏医学方法的公司，它由该领域的先锋人物迈克尔·梅泽尼奇创立。梅泽尼奇是专注于神经可塑性的研究员，他早期的研究启发了托克尔·克林伯格。作为 20 世纪晚期最知名的神经科学家之一，梅泽尼奇在为重度听力障碍患者研制人工电子耳蜗方面发挥了关键的作用。梅泽尼奇出生于 1942 年，年龄大到都可以当斯坎伦的爷爷了，是这一领域当之无愧的前辈。

"如果你对表明训练有效的研究感到不满意，那你就是一个傻瓜，"他告诉我，"如果你只是想看一下大脑是否能够被训练的对照实验，那么这些实验是海量的。这不再是一个有争议的话题，只有一无所知的人才觉得有争议。但我们仍处于一个药品泛滥的社会。人们强烈地相信，任何事情都能够通过一个药片解决。"

2007年，梅泽尼奇从加州大学旧金山分校凯克综合神经科学中心联合主任的职位退休以后，全身心投入"Posit Science"，这是他在2004年与他人联合创办的一家公司。他的关注点，也是公司的业务重点，即把训练方案应用到严重认知障碍群体身上，从阿尔茨海默病到创伤性脑损伤，甚至到精神分裂症。

"为了治疗精神分裂症，我们发起了一项FDA（美国食品药品监督管理局）试验，把电脑作为一种医疗设备，"梅泽尼奇说，"这是药物。它在驱动大脑内部的转变。"

长期以来，抗精神病药物被用来解除妄想和幻觉，它们是精神分裂症最突出的症状。这种疾病的负面症状——工作记忆和简单的推理技能严重下降——极大地影响了机体功能，而且暂时没有药物被证明可以有效控制负面症状。Posit Science的训练方案正试图填补这一治疗空白。近期由加州大学旧金山分校精神病学系副主任索菲亚·维诺格拉多夫（Sophia Vinogradov）领导的两项研究表明，50~80小时的训练能够显著地提升病人的语言工作记忆和学习能力，提升他们分辨现实与幻想的能力，并在最多六个月后仍能够提升他们的整体社会表现。维诺格拉多夫现在主导了三项共260人参与的研究，希望可以达到FDA制定的标准，让 FDA 能够批准这项训练计划作为该疾病认知症状的治疗方法。

"我的观点是，这项研究具备强大的潜力，能够在我们为精神疾病患者提供的治疗中增加一项新的工具，它使用的方法与药物治疗或精神疗法存在截然不同的根本性差异，"维诺格拉多夫告诉我，"这种形式的干预，是直接把导致疾病的一些关键信息处理异常作为治疗目标，它既不像药物治疗那样只缓解症状，也不像精神疗法那样教授更多适应性反应。"

2012 年 4 月 9 日，国家心理健康研究所（National Institute of Mental Health）在马里兰州贝塞斯达召开了一次会议，回顾使用认知训练治疗心理紊乱的研究现状。会议报告总结说，需要更多精心设计的研究，特别是针对训练如何提升人们的日常表现。但其中写道："近期的回顾令人欢欣鼓舞，因为他们得出结论，认知训练计划显著改善了特定认知技能（如记忆力、注意力、问题解决能力）在神经心理学测量上的表现。"

重新审视 Posit 使用的实际任务，我惊讶地发现，它们中的某些与 Lumosity 提供的游戏惊人地相似。Posit 让使用者挑战的任务是，2~3 个小球在电脑屏幕上浮动，躲避其他一系列球；而 Lumosity 有绕着水族馆游泳的橘色鱼。两家公司还都提供了一款小鸟在背景中瞬间出现和消失的游戏，挑战在小鸟消失后看到它重现并点击它（位置经常是在屏幕的边缘）；Posit 称它的版本为鹰眼，而 Lumosity 则称自己的游戏为鹰眼追击。

Posit进入的其他公司没有切入的独特领域，是那些挑战人快速感知视觉或听觉梯度能力的任务。在"声音扫描"任务中，你听到上升或下降的音调，像救护车警笛一样接近或远去。音调播放的节奏越快，就越难辨认出音调到底是上升还是下降。在100毫秒，我可以很容易地分辨出来；到30～40毫秒，我就很挣扎了。根据梅泽尼奇的观点，我的问题是我的中年大脑感知声音（和视觉）的速度要比年轻人的大脑慢很多。就像一张像素点过少的数字照片，或者一段数字信息过少的MP3声音，我的大脑只是没有接收到足够的信息。

"你的大脑记录信息的方式退化了，"他告诉我，"所以，你需要处理你记录信息的根本机制。你需要改善你的感知能力，让它们处于最高分辨率的水平。这些任务能够帮助你。"

我曾经很难理解这些游戏与智力有什么关系，直到梅泽尼奇向我解释，他把"声音扫描"训练看作从最简单到最复杂的任务连续体的一部分，这些任务相互挑战，并且都需要精心应对。

"为了获得更普遍性的成果，我们首先尝试让大脑区分一些基本的差异，"他说，"我们从区分最基本的音位开始，再扩展到元音字母和辅音字母，到单词间的差别，到故事的叙述以及最终用认知控制来操控信息。目标是让受试者通过这些基础的流程，学会更强力和更出色地正确表示信息，然后确保人们把这些能力应用到更高级的分析和思考中。实际上，在成年人的生活中，人们没有进行足够的练习，这些练习曾让他们在童年时增长了本领。人们不过是在使用已掌握的技能,并没有在此基础上发展更高的技能。"

三个大型的有关认知训练的随机临床试验,提供了这项训练对老年人有益的证据。明尼苏达州罗切斯特梅奥诊所的研究人员,主导了一项基于可塑性的适应性认知训练改善记忆(IMPACT)的研究,该研究有487名65岁以上的老年人参与,他们都住在家里,没有任何明显的认知障碍症状。他们接受了八周的Posit Science训练,每周五天、每天一小时,与对照组相比,他们的记忆力和注意力都得到了很大程度的改善。

第二项研究发表于2013年5月,参与其中的681人被分成了50~64岁和65岁以上这两个年龄组。与被分配做电脑填字游戏的主动控制组相比,所有年龄段的参与者都接受了10小时Posit训练,获得了更广阔的"有用视野",这项技能让人们在开车时拥有更广视野;同时,他们也在一系列未经专门训练的认知测试中获得了明显的改善。这会转变成一种潜力,抵御随年龄增长而来的认知衰退——本书引言部分介绍的"认知储备"——10小时的训练可以提供六年的保护力量。

第三项研究也是规模最大的一项,是针对独立和有活力的老年人进行的高级认知训练(ACTIVE),有2802名65~94岁的老年人参与其中。研究中不仅测试了Posit Science的处理速度训练,还测试了其他用来改善长期记忆力或推理能力的程序。研究的结果有喜有忧。每种训练方法都提高了人们在训练领域的能力。Posit的处理速度训练组,在健康自评和其他持续跟踪五年的指标上取得了具有统计学意义的显著改善。但这种训练并不是放之四海皆准的:在同一个五年期间里,总共有189名参与者患上老年痴呆,研究中使用的认知训练方法似乎都不能降低人们在此期间患痴呆症的风险。研究人员总结说:"为了充分探索认知训练在预防老年痴呆症方面的能力,或许需要更长期的跟踪或增强训练。"

在离开梅泽尼奇的办公室之前,我问他如何从设计人工耳蜗转入看似毫不相关的认知训练领域。

"实际上,人工耳蜗是我能够想到的人类大脑可塑性的最佳案例,"他说,"你把一个设备放入内耳道,用电极以一种与大脑正常接收音频截然不同的方式来表示音频信息。大脑分理正常耳蜗和人工耳蜗的信息的方式完全不同。所以大脑最初听到的声音可能很糟糕,但最终会变得正常。大脑开始理解声音。这就是大脑可塑性的神奇之处。"

当我站起来准备离开的时候,我注意到有东西粘到梅泽尼奇的卡其色裤腿上了,是那种商场里用的有黏性的长度和腰围尺。直接指出来有些不太礼貌,我转而称赞门上挂着的短款皮夹克。

"我对着装不太在意。"梅泽尼奇告诉我。

我的总结:Posit的科学信念和Cogmed的一样强大。但是,Cogmed似乎在多动症的红海里运作良好,而梅泽尼奇是在寻求FDA批准针对精神分裂症负面症状的治疗方法——如果成功的话，这就大胆地迈出了具有历史意义的一步。Posit 提供了一个在线项目版本，网址是 www.brainhq.com，想要试图进入 Lumosity 的大众市场，但却缺少精美的设计。然而，它针对严重认知障碍的研究都是在心理学家的办公室里进行的，这与 Cogmed 的方式极为相似。我强烈建议，那些家人患有精神分裂症的人可以看一下 Posit 的训练项目。尽管梅泽尼奇在这个领域取得了众多杰出成就，让我感到无比钦佩。但目前而言，我需要寻找方法提升我的流体智力，因此把 Posit Science 从我的列表中划掉了。

LearningRx

从旧金山回到家的第二天，我路过一个我太太偶尔去参加活动的瑜伽工作室，在它的前门注意到一个新标志，一家名叫"LearningRx"的公司。我走进去拿起一本小册子，它的大标题写道："大脑训练，保证让它更聪明。"

这是什么情况？大脑训练竟然无处不在。

事实证明，在四个领先的认知训练项目中，"LearningRx"是价格最昂贵、最缺乏已发表研究支持，同时最积极进行市场推广的一个。它最奇特之处在于，它是唯一一家像麦当劳一样设有特许经营权的机构，在全球 20 多个国家开设的 83 家

"LearningRx"中心里，每一家都是独立的所有者在经营运作。无论是特许经营权的所有者，还是为中心工作的训练师，甚至都不需要有大学文凭。

但是稍等一下。"LearningRx"也有一些独特的资产，特别是它的训练是通过人来提供的，而不是在计算机上。一名鼓励每一名学生持之以恒的训练师，这对于具有注意力问题的孩子或成人都是一笔重要的财富。（实际上，每一位测试各种训练方法的研究员，包括耶吉和博史库尔，都提出过这样的问题：如何最大限度激励人们接受具有内在挑战性的训练任务并坚持下去？）而且，"LearningRx"使用的许多任务，都与其他认知训练者使用过的任务类似，但它们的形式不一样，从电脑的形式转变为桌面训练，通过玩纸牌和其他游戏材料完成。

一个星期三的傍晚，在征得特许经营者的同意后，我参观了离我家最近的"LearningRx"中心。来自新泽西州格伦里奇的16岁少年尼克·维奇亚雷洛坐在桌子前面，对面坐着刚刚大学毕业的凯蒂·杜赫。她穿着一件黑色的衬衣，上面印着"大脑训练师"的字样。桌子上摆放着几十张牌，上面显示着不同颜色、形状和大小的符号。尼克低头盯着这些牌，寻找三张符号匹配的牌。

"找到了吗？"凯蒂充满鼓励地问道。

"哦，天啊。"尼克默念着，他的目光在牌中移动着，寻找着其中的模式规律。

在屋子的另一边，23岁的内森·维罗瑞克正在研究一组数字，寻找一排中任意两个相加得九的数字。他嘴唇紧闭、全神贯注，在一组数字上画了一个圈，训练师则拿着一块秒表给他计时。时长50秒的测试刚进行到一半，屋中央便传来了一阵喧闹声。

"内森来了啊！"另一位训练师凡妮莎·迈亚喊道。带着调侃的笑容，她来到了内森身旁，像一个吵闹的小妹妹一样拍着手。"分散注意力，"她喊道，"分散注意力。"

这一荒唐举动背后有其目的。凡妮莎正在挑战学员们的抗干扰能力，她希望学员们在面临各种干扰的情况下依然能专注于自己的任务，无论干扰是来自Twitter新闻订阅、Tumblr（汤博乐）的最新发布或常见的课堂喧闹。

内森的妈妈告诉我，内森从上小学起就存在学习问题。他最近刚刚从威廉帕特森大学传播学专业毕业。他的妈妈从一个商业群里听说"LearningRx"后，觉得这可能有助于他今后的事业和生活。

"我得持续地让自己变得更优秀。"内森说。他毕业后的第一份工作是在新泽西州新普罗维登斯的一家CVS连锁药店做兼职收银员，这家店就在他家附近。"我非常高兴能在当前这样的经济环境下找到工作。在寻找更好的工作机会的同时，我也努力在CVS公司里继续发展。我正在争取获得全职工作的机会，并进入他们的管理培训计划。"

关于接受的大脑训练，他说："我不知道它是否能够让人变得更聪明。但是每当你在数学和阅读任务中达到了一个新的水平，这绝对会让你感到更自信。"

在训练中心等候区的长沙发上等待的时候，尼克的妈妈黛安告诉我，尼克与多动症斗争很多年了。

"在他念中学的时候，我们为他请了各种知名的家教，"她说，"只要是现有的方法，我们都试过。这是第一个奏效的方法。"当他们收到LearningRx邮寄过来的小册子，项目的科学氛围给维奇亚雷洛留下了深刻的印象。他们决定每学年花费1.2万美元进行每周三次的训练。（我曾采访过十几个美国家庭，了解他们对于LearningRx的感受，1.2万美元的价格有些特殊了，大多数几个月的训练只花费3000美元左右。）一年以后，他进入了所在高中的光荣榜，并停止服用医生给他开的兴奋剂药物。

"我希望停止服药，"尼克笑着说，脸上布满了笑纹，"集中注意力看着老师，听他们滔滔不绝地讲45分钟，曾经是一种挑战。这是迄今为止第一次，我能够对自己学习的东西感兴趣。他们有众多的游戏和谜题，需要你集中注意力。经过这么长时间的训练，训练内容变得越来越难，我能够把学到的方法应用到学习和工作中去。我甚至在校乐队的排练中也更加专注了。"

尼克的父亲理查德是一名小学五年级教师，他承认"这为家里带来了经济压力"，但是，他补充说："我觉得它改变了尼克。他的成绩好多了。如果训练给他的生活带来了帮助，那么这就是无价的。"

内森似乎也获得了回报。他工作的CVS药房把他提升为助理经理，并且有生以来第一次，他拥有了女朋友。尽管有这些收获，他的母亲告诉我，她对于内森决定不再参加训练很失望，但她同时表示，内森的这个决定与LearningRx无关。

在网上搜索了一下，我发现了一些抱怨——鉴于特许经营机构数量众多，相比之下，抱怨也真的不算很多——这些家长抱怨他们为训练支付了大量的费用，却收效甚微。网络上还有一些人自称现在是或者曾经是LearningRx的训练师，他们在网上投诉公司的销售策略，甚至有些机构操控某些客户的测试结果。但我采访过的那些家庭对机构都持有积极的态度，他们中的许多人认为，与那些传统的教育机构相比，他们还是从LearningRx这里收益颇多。他们也觉得奇怪，为什么LearningRx能够与众不同？

新泽西州汉诺威公园高中16岁的学生普里扬卡·巴蒂亚说："在最初的几周时间里，我真的不理解一些训练的意义。"在一个训练中，LearningRx的教练让她用拇指点其他手指，左手从小拇指开始到其他手指，而右手的方向则相反。在另一个训练中，她要挑战的内容是，用砖块和铅笔编故事，故事中要嵌入一系列人物和情感表达。

"这并不是我喜欢的训练，"她说，"我并不是一个善于表达的人。但这些训练让我走出舒适区。"

在接受了六个月的训练之后——其中包括很多以提高数学和阅读水平为导向的训练，她发现自己获得了很多惊人的收获。

关于手指训练，她说："我的敏捷程度提升了很多。在我吹长笛的时候，手指能够更快速地演奏曲调了。"

在学习方面，她说："我的记忆力飞速发展，我的成绩也取得了很大的进步。我能够看到显著的变化。我们今年开始上英国文学课程，我比以前能够更快速地理解很多内容了。"

这些非常规的训练内容反映了公司的起源。Posit、Cogmed和Lumosity的创始人都拥有心理学和神经科学领域的高学历，而LearningRx的创始人却是在儿童验光领域获得了博士学位。

"我的关注点，很多是在视觉训练上，"肯·吉布森（Ken Gibson）在他位于科罗拉多斯普林斯市的家中接受了我的电话采访（足以令人感到奇怪的是，当他说话的时候，居然有一只熊在他门前的草坪闲逛），"我想要训练儿童的眼睛，让它们移动更自如并能够处理看到的信息。"

在治疗那些患有注意力或眼部运动障碍的儿童时，他对诵读困难和其他学习障碍的研究产生了兴趣。"我意识到我能够帮助眼部斜视的患者，但对于提升他们的学习表现却无能为力，"他说，"我开始阅读训练各方面能力的文献，不仅是视觉方面的，还包括听觉、记忆力和处理速度方面的。"

通过训练人们的注意力、逻辑思维、工作记忆、视觉处理以及其他的重要能力，他发现很多技能都可以显著提升。"我开始设想，我能够训练所有技能，"他说，"但某些技能的训练肯定要比其他技能困难。"

批评的声音认为，他缺乏开发一种训练计划的学术能力，尤其是致力于提升智力这样基础的、令人生畏的事物，他对此不屑一顾。

"这种批评从1986年就开始了，"他说，"我并没有相关学术背景。我们的成员也没有杜克或哈佛的高材生。我们需要用成绩来证明我们的收费物有所值，从而得到大家的认可和推荐。"

他说，大部分的自信，来自大多数学员在标准化测试中取得的进步。

吉布森从2003年开始特许经营LearningRx中心，他说："每位学员接受训练前后，我们都会用伍德科克-约翰逊版的通用智力测验（Woodcock-Johnson general intelligence test）对他们的表现进行测试。"根据公司积累的超过三万名学生的数据，他说："接受24周训练之后，标准智力测验中的平均分数是15分，而在不到32周的时间里，就可以达到20分。"

一项针对LearningRx效果的独立研究能够为吉布森的论述提供一些支持。彼得斯堡市弗吉尼亚州立大学心理学教授小奥利弗·W. 希尔（Oliver W. Hill Jr），近期完成了一项由美国国家科学基金会资助100万美元的研究，这项研究用来检测训练计划的效果。他在一个中学里，选取了两组各340名学生，其中一组在整个一学期里，每周在学校的计算机房花两小时的时间接受在线版本LearningRx练习，而另一组没有接受这样的训练。他发现，参与在线游戏的学生与同伴相比，不仅认知能力显著提高，而且在弗吉尼亚州立大学的年度学习标准考试中体现出来。他现在针对得克萨斯州的大学生进行一项后续跟踪实验，他认为，训练一对一进行的效果会更明显。

我的总结：LearningRx 很容易被忽略，但它不应该被忽略。是的，它价格很贵，特许经营式的组织机构也很奇异。它对效果的描述有些过于戏剧化，还缺乏同行审视和科学研究的支持。但是，它提供的大多数训练任务都是基于在计算机上证明有效的方法。事实上，它们的训练是通过人提供的，通过热情的训练师按照精心制定的脚本进行，就像麦当劳的烹饪食谱一样，这将会给予那些最需要帮助的人莫大支持。尽管 LearningRx 缺乏 Cogmed、Posit 和 Lumosity 背后的学术研究的支持，但我认为它的方法也同样有效。我会这样说：我发现自己希望我认识的一个六岁小女孩，能够参与到 LearningRx 的训练计划中来，她有注意力和自控问题，虽然她的家庭可能永远没有能力支付得起这样高额的费用。不过，就我个人而言，我还是把它从我的训练计划列表中划掉了，因为我肯定不会在三个月的时间花费 3000 美元来接受训练，尤其是当 Lumosity 同期的费用不到它的 2% 时。

第一人称射击游戏

最后一种形式的商业用途的计算机大脑训练，既没有获得家长们也没有获得教育工作者们的任何关注。所谓的"第一人称射击游戏能够让人们的认知变得敏锐"的发现，可以追溯到1998年。当时一位名叫C.肖恩·格林（C. Shawn Green）的人来到了罗切斯特大学，他留着一头长发，是一名热爱数学的游戏玩家。在大学的第一年，他成了达芙妮·巴韦利埃（Daphne Bavelier）实验室的成员，这位教授研究大脑和认知科学，格林的到来可以帮助她处理计算机编程和其他任务。在他大四那年，巴韦利埃让格林编写一个"有用视野"的测试，梅泽尼奇曾应用同样的方法，测试人们在视野边缘跟踪移动物体的能力。他完成了这个编程，但似乎程序里有一个小漏洞：根据数十年的前期研究，他和几位朋友的表现都比想象的要好得多。

"我们在这项测试上的表现，比之前文献中描述的情况可能要高出两倍，"格林告诉我，"噢，这不是仅仅超出6%的那种好，而是要好很多很多。我都快要把自己的下巴抓破了，却百思不得其解。"

巴韦利埃尝试了这个测试，她的表现在标准范围内；其他一些人也测试了一下，他们的表现也在标准范围内。所以问题并不在程序，而在格林和其朋友的大脑里。他们一定有奇特的技能，能够在视觉注意力的边缘较好地捕捉到物体的踪迹。所以，格林试着找出是什么让他和他的朋友如此特殊。他们中的一部分是音乐家，但并非所有人都是；一部分是运动员，但也并非所有人都是。

"在测试中表现特别出色的人，共性只有一个，"他告诉我，"就是我们都玩《军团要塞》（Team Fortress）游戏。"

当时正好全国的大学校园都正在与高速T1线路联网。格林和他的朋友开始玩起了第一款视频游戏，这个游戏能够让多个人同时在线，以团队作战的形式夺取军旗，保护重要人物不被暗杀，通过射击来击败其他队伍。

"我对科学文献的了解还不充分，无法理解这是一件不同寻常的事情——你不会想到，你在练习一件事的同时，还在其他事上获得了提升，"格林说，"因此，这成了我的获奖论文。"

他与巴韦利埃一起进行了四次实验，将长期玩第一人称射击游戏的人与没有玩过这种游戏的人进行对比，每次都会发现，游戏玩家在视觉注意力测试方面表现突出。在第五次实验的时候，他们对九名没有玩过游戏的人，包括男性和女性，进行了为期10天的训练，每天一小时，训练内容是"二战"格斗游戏《荣誉勋章：联合袭击》（Medal of Honor: Allied Assault）；对于另一组没有玩过游戏的八个人，训练他们玩拼图游戏《俄罗斯方块》。将两组进行对比，那些玩《荣誉勋章：联合袭击》的人，视觉注意力比接受训练之前有明显提高。

2003年5月29日，他们在《自然》杂志上发表了这项非凡的研究结果。

"通过让玩家同时处理许多不同类型的任务（侦察新的敌军、跟踪现有敌军、避免受伤，以及其他），"他们写道，"动作视频游戏，延展了三种极为不同的视觉注意力的极限。在经历为期仅10天的训练后，这会带来处理新任务和未经训练的任务的能力可观测的变化。因此，尽管玩视频游戏的行为可能看似相当盲目，却能够从根本上转变视觉注意力的处理流程。"

此后，格林和巴韦利埃像其他研究团队一样，以联合或单独的形式，发表了许多其他的研究报告，进一步证实或延伸他们的观察结果。一些怀疑者质疑成百上千的视频游戏研究的质量，但相关的证据变得具有压倒性优势，以至于内镜外科医师和美国军方无人机驾驶员现在已经把第一人称射击游戏当作一种常规的训练手段，借此来提升他们的速度和准确性。格林现在是威斯康星大学心理学助理教授，而巴韦利埃近期在瑞士的日内瓦大学开办了她自己的实验室，这里比罗切斯特距离她的家乡巴黎要近得多。

"我们希望把这些游戏分门别类，理解娱乐行业已经发现但却不自知的奥秘，比如某种特定的视频游戏能够对大脑可塑性和学习能力提升产生强大的促进作用，"巴韦利埃在日内瓦接受采访时告诉我，"这些射击游戏，可能在你看来最不可能对你的大脑有益。但在我们看来，它们是改善注意力的最强活动。"

游戏不仅能提高视觉注意力，巴韦利埃和格林也发现其在听觉注意力方面有同样的效果。巴韦利埃的研究甚至表明，视频游戏训练能够提升视力，这是以一个人感知灰度细微差别的能力衡量的，以前只有通过手术或戴眼镜才能实现这一点。令人难以置信的是，感知阴影梯度的能力的提升甚至还可能延长生命：在随后的19年里，研究人员对4097名60多岁的女性进行了一项研究，发现视觉敏感度差是导致死亡的最主要风险因素之一。

所以，这对流体智力会产生怎样的影响呢？她近期已基于一系列标准的测量方法对游戏的效果进行了监测，但她说，鉴于研究结果尚未在同行评议的期刊上正式发表，我还不能引用她的研究发现。不过，即便如此，她已发表的研究表明这会产生收益。

"这在很大程度上要看你认为智力的内涵到底是什么，"她说，"整个领域都在说，执行控制能力和注意力的控制能力，是智力的主要决定因素。从这种意义上来说，游戏正在让你变得更聪明。但我并不是说，它会让你在下一次考试中获得更高的分数。我可不这样认为。但我们一直在挑战极限，测试玩过这些视频游戏之后，还会有哪些提升。"

她说，可以肯定的是，认为学习不可以普遍化的守旧信条——所谓的学习特异性诅咒，认为训练不能够提高基础的认知能力——已经可以退出时代的舞台了。

"苏珊·耶吉从N-back中发现的，托克尔通过工作记忆训练展示的、其他人在冥想中发现的，以及我们通过视频游戏发现的——它们都是通过不同的方法在挖掘相同的潜在机制，"她说，"我们都是在训练大脑灵活地分配执行力和注意力资源。我们的大脑在持续接收各种信息的轰炸，比我们实际用来做决策并指导行为的信息还要多。一个关键的方面是要决定哪些信息与任务相关，哪些信息与任务无关，可以忽略或抑制。这是我们日常生活的一部分。如果你能够更好地关注周围环境中的相关因素，不受外界干扰分心，那么你就会做得更好。"

很好。但如果没有公开的数据显示玩视频游戏能够直接增加我的流体智力，我就不打算开始玩它们，尤其是在我从未在玩游戏的侄子们身上看到任何明显提高的时候。

那么，Lumosity，以及耶吉和博史库尔的最初版双重N-back，就足以满足我个人训练计划的计算机训练部分了。但是，在计算机被发明出来的几千年前，在人类文明的曙光期，人们就已经开始寻求锻炼脑力的方法了。

第四章　老派大脑训练

一些改善大脑的古老方法和建议开始重新获得了信任，因为科学家们把它们当作研究主题，而其他则没有。有些方法过于基础，它被广泛接受并不是因为其可以开发大脑，我们无须在此讨论这些方法。你真的需要我告诉你，诸如饥荒、虐待儿童、怀孕期间饮酒、青春期酗酒、孤儿院收容、头部多次受到撞击、接触铅和汞这样的事情都是不好的——对身体、精神都会造成伤害，对年轻人的认知发展也会造成伤害吗？你真的在等待一项新的研究来证明，在青少年时期大量吸食毒品会降低成人时期的智力，以此来告诉你的孩子要戒掉毒品吗？难道真的会因为缺乏令人信服的医学证据，家长们就不会给孩子们提供健康的饮食、和谐的家庭环境和良好的睡眠吗？

所以，让我们继续探讨那些真正需要科学证据支持的干预措施。让我们先从食物开始。

作为一名鱼素者（吃鱼的素食主义者）和Ⅰ型糖尿病患者（我18岁上大学时患了这种病，当时我瘦得皮包骨，从那时起，医生要求我注射胰岛素，控制碳水化合物摄入，尤其是糖分），我尽可能地找遍了众多精心设计的研究，试图发现饮食与智力之间的关系。通过搜索PubMed［你也可以从美国国家卫生研究院（National Institutes of Health, NIH）的在线数据库中找到超过2200万个医疗研究案例］，你会发现一个问题，那就是尽管这里存储了很多公开发表的研究，但并没有多少研究涉及饮食与智力的关系，而已经发表的研究普遍得出的结论都是否定的。

别开枪，我只是个传话人。

举例来说，有一些实验是在老年老鼠身上进行测试的，试图证明在饮食中补充蓝莓成分，能够轻微地提高它们的记忆。如果你养了一只老年老鼠，你可以考虑给它一些蓝莓吃。然而，我能够找到的唯一一项与人相关的研究，只有九名参与者，并且不是随机实验，这从本质上就不是有意义的、真实可靠的能证明蓝莓可以增强认知的证据。这就如同，一个人拥有一大片蓝莓灌木丛，却跑去缅因州采摘蓝莓一样。

B族维生素，包括B_6、B_{12}和B_9（也被称作叶酸），它们会有用吗？虽然它们都是十分必要的营养物质，并且许多研究发现，B族维生素摄入水平低的人群患阿尔茨海默病的风险会更高。但把B族维生素添加到饮食里的随机对照实验，却没能够得到我们期待的结论，即服用B族维生素的人群的记忆力或思维能力会得到改善。这是医学研究中令人费解的发现之一。希伯来大学的研究人员于2012年发表的一篇评论中写道："这些研究中的大部分都没有证明，补充B族维生素，能够对认知有保护或治疗作用。"另一篇2008年发表的收录于权威的考克兰系统综述数据库的综述文章总结道："为数不多的已经完成的研究并没有提供一致的证据表明，叶酸（包含或不包含维生素B_{12}）能够为随机选择的健康人或有认知障碍的老年人的认知功能带来有益的影响……需要更多的研究关注这一重要问题。"

至于肌酸——一种人体内自然产生的物质，被作为一种最受运动员们欢迎的营养补充剂在市面上售卖，已有四项发表的随机双盲试验证明了它能够提升认知技能：第一项的参与者是健康的年轻人，第二项的参与者是老年人，第三项的参与者是素食主义者，第四项的参与者既包括素食主义者也包括非素食主义者。参与者是老年人的那项小型研究中，受试者在补充肌酸一周之后，在各类认知测试中均体现了受益。在另一项实验中，只有素食主义者在服用肌酸之后体现了认知受益。这似乎很有道理，因为肌酸的饮食来源主要是肉类、鱼类以及其他动物制品，素食主义者肌肉中的肌酸含量普遍低于吃肉的人。但两项包括素食主义者的研究结果并不一致，其中一项显示，在工作记忆和流体智力方面能观察到明显的改善；而另一项却显示，只在短期记忆方面有改善。这两项研究的规模都没有大到足以令科学家们信服，他们只有看到有几百名参与者的研究结果才愿意相信。就我个人而言，我并没有因证据不足而感到大失所望，在检查了我的血肌酸水平并发现其在正常范围内后，我决定不在我的训练方案中添加肌酸补充剂。

鱼油中的多不饱和脂肪酸（PUFA）怎么样？是否可以把它作为预防认知水平下降和老年痴呆的一种途径？于2012年发表的一篇关于ω-3多不饱和脂肪酸的考克兰综述文章，考查了三项精心设计的随机研究，参与者多达4080人，持续时间从六个月到两年不等。"现有实验表明，补充ω-3多不饱和脂肪酸，对认知健康的老年人的认知功能不会产生任何益处，"考克兰综述总结道，"一般来说，ω-3多不饱和脂肪酸通常耐受性良好，最常见的副作用是轻度的胃肠功能紊乱。这需要进一步的研究。针对参与者的长期研究，可能会识别出更显著的认知功能改变，可能有助于我们发现ω-3多不饱和脂肪酸在预防老年人认知衰退方面的效果。"换句话说，这三项研究，总共有超过4000人参与，持续了两年之久，却没有发现任何益处——但或许，如果他们招募几千名甚至更多的参与者，对他们进行长达10年的跟踪研究，可能会发现潜在的收益。当然，也可能不会。

用鱼油补充营养会怎样呢？怀孕期的女性常把它作为显著促进胎儿大脑发育的一种手段。2003年，挪威奥斯陆的研究人员在《小儿科学》（*Pediatrics*）杂志上发表了一项研究，带来了积极效果的希望。他们招募了590名怀孕的女性，让她们每天服用鱼肝油或玉米油，并用母乳哺育婴儿三个月。最后，服用鱼肝油组的女性中有41名持续接受指导和跟踪研究，服用玉米油的组内有35名。当她们的孩子四岁时，服用鱼肝油组女性的孩子们的心智处理分数，显著高于服用玉米油组的。但在2008年，这一组研究人员在《小儿科学》杂志上发表的一项跟踪研究发现，当两组孩子成长到七岁时，他们的整体智力并没有太大的差异，虽然在单个分测验中有显著差异。然而，即便是这样一个温和的结论，也被哥本哈根大学研究人员的另一项研究质疑。2009年，他们在《营养学期刊》（*Journal of Nutrition*）上发表了研究，研究的结论就很好地诠释了一切："哺乳期母亲摄入鱼油，会对七岁男孩们的长期血压、能量摄取和体育活动，产生不利的影响。"2011年，这群研究人员指出，通过对一些七岁的男孩和女孩们进行研究发现，母亲在怀孕和哺乳期间摄取鱼油而不是橄榄油，孩子们在一系列关于注意力、工作记忆、处理速度等测验上的分数明显较低。"早期的鱼油摄取，可能会对后期的认知能力产生负面影响。"他们在《脂类》（*Lipids*）期刊上总结道。

如果你怀孕了，请再读一遍最后一句话，并且对是否要摄入鱼油作为营养补充三思而后行。

地中海饮食——饮食中不仅包括鱼类，还包括众多的水果、蔬菜、豆类、比萨、橄榄油和红酒；没有很多的红肉类、糖类或奶制品——成为众多研究的主题。大部分的研究都发现，遵循这种饮食的老年人，认知能力比没有遵循的更好。但是，大部分结论都是通过观察得出的，这就意味着科学家们会询问人们在吃哪些食物并测试他们的认知能力，然后观察随着年龄的增长会发生哪些变化，并没有随机地让他们遵循一种饮食或另外一种饮食。然而，一项近期的研究把参与者随机分成了三组，1/3的参与者遵循地中海饮食，添加额外的纯正橄榄油；1/3的参与者遵循同样饮食，添加额外的混合坚果；剩下的1/3参与者遵循低脂肪饮食。六年半之后，那些遵循地中海饮食的人，比那些遵循低脂肪饮食的人在语言、工作记忆、抽象思维和其他认知功能上的测量表现都明显更好；而他们患有轻度认知障碍或痴呆症的风险，也会略微偏低。但这只是一项研究实验，你不需要我来告诉你，为了获得一些未来可能产生的收益而改变整个饮食习惯多么不容易。

如果研究人员们试图检测充满垃圾食物的饮食对认知产生的影响，他们也会遇到同样的问题，比如说快餐：让人们在科学家的要求下同意改变饮食，然后坚持这种饮食数周或数月，是一件非常非常困难的事情，更不用说坚持几年了。

然而，有两种食物在提高认知技能方面能够经得起严格的科学审视：一种是婴儿的，一种是成人的。第一种——这是大多数婴儿的首选和最佳食物——母乳。虽然经过研究人员们的长期观察，母乳和儿童智力提升之间存在明显的联系，但一些研究人员认为这种关系并非因果关系，只是因为那些选择母乳喂养的妈妈的平均受教育程度要高于那些不选择母乳喂养的妈妈。但是，2013年7月发表的一项更细致的研究不仅追踪了妈妈们是否用母乳喂养婴儿，还追踪了哺乳期的长短。他们甚至对妈妈们的智力和社会经济背景因素进行了控制，研究发现，每多一个月的母乳喂养，孩子们七岁时的语言智力得分就会提高0.35（或大约1/3），非语言智力得分会提高0.29。每多一年的母乳喂养，孩子智力方面会提升四个百分点。针对该研究的评论写道："在美国，总体上有70%的女性进行母乳喂养，但只有50%的非裔美国女性会这样做。然而，在六个月的哺乳期之后，还会进行母乳喂养的比例分别降为35%和20%。"

在断奶之后，只有一种食物被证明能够增强认知，那就是咖啡。这不仅是因为咖啡里的咖啡因是一种能够引起兴奋的物质；2013年1月发表在《神经药理学》（Neuropharmacology）上的一项研究发现，咖啡因能够改善中年男性的工作记忆，这种改善并非因为它的刺激效果，咖啡中也并不是只有咖啡因对身体有益；同月在《年龄》（Age）期刊上发表的另一项研究发现，被喂食咖啡的老年老鼠的工作记忆，与只被喂食咖啡因的老年老鼠相比有显著改善，并且，咖啡的效果能够持续超过几个小时，且能够被人体感觉到；2012年在《阿尔茨海默病期刊》（Journal of Alzheimer's disease）上发表的一篇研究发现，如果65岁以上的成年人的血液中咖啡因的含量水平显示他们经常喝咖啡，那么在未来2~4年间，他们由轻度认知障碍发展为完全痴呆的可能性就会极大地降低。研究人员们总结道，这项研究"提供了第一个直接证据，表明摄入咖啡因/咖啡可以降低痴呆症发生的风险或延迟发病，特别是对于那些已经有轻度认知障碍的人"。

顺便说一下，这些发现丝毫不会影响我现在正在喝一大杯咖啡，我暂时从纽约公共图书馆逃离了出来，在曼哈顿42街的麦当劳里敲着我的笔记本电脑键盘。

尽管我们中的许多人都对食物及其对健康的影响充满热情，但除了咖啡和母乳，至少到目前为止，没有确凿的科学证据证明任何其他饮食能够对智力产生影响——除了为孕妇补充鱼油，实际上，这看起来不利于婴儿的发育。

让我们继续。使用双语有怎样的效果？学习第二种语言会增加流体智力吗？2010年，蒙特利尔的一家记忆诊所发表了一项研究。在蒙特利尔，许多人在成长过程中既说法语，也说英语。研究发现，出生时就说两种语言的人，与那些只说一种语言的人相比，在任何特定年龄患阿尔茨海默病的可能性是一样的。但是，有些移民来到加拿大的时候只会说他们本国的语言，之后不得不掌握法语或英语，他们患上阿尔茨海默病的时间，几乎要比其他人晚五年。对此，许多研究得出了近乎一致的结论：把第二语言学得足够好而掌握"双语"，似乎确实可以延缓阿尔茨海默病发展。

这太棒了。但任何形式的教育，通常都会延迟患痴呆症的年龄。能够实际上增加智力的措施都包括什么？它们才是本书的主题和我的训练计划的目标。针对这样的问题，各种研究看上去至多也只能说有喜有忧。2009年，意大利研究者发表的一项研究发现，在双语家庭中成长的七个月大的婴幼儿，在计算机注意力测试上的反应，要优于在单语家庭中成长的婴幼儿。多伦多约克大学心理学家艾伦·比亚韦斯托克（Ellen Bialystok）的一系列研究发现，年幼的双语儿童会比那些只会说一种语言的儿童，在某些但不是全部认知控制能力方面有优势。然而，针对这一主题进行的一项涉及266名年轻人的最大规模研究，却得出了令人沮丧的结论："双语并不能为年轻人提供认知处理方面的优势，而使用三种语言会导致认知控制能力降低，而不是提高。"

考虑到这些与双语相关的证据是如此混乱，而掌握第二语言——并不是简单地在法语或西班牙语中学里面上几年课，而是真的要把一种语言掌握到极致，才能够成为"双语"使用者——需要多年的学习，这似乎与练习四个星期的N-back的难度不在一个量级上。我很高兴自己在七年级和八年级的时候学了一点西班牙语；这对我1983年造访中美洲的时候有很大的帮助。而且我也很高兴自己学了一个月的意大利语；这在我1985年拜访意大利的堂兄弟时，给了我很大的帮助。但如果把掌握第二语言作为让我变得更聪明的一种手段，我还是把它从我的列表里划掉了。

所以，到底哪些让脑力最大化的古老方法，能够真正经得起科学的严酷考验？我找到了以下三种。

体育锻炼

"健全的心灵寓于健全的身体""有健康的身体才有健康的精

神"，没有什么陈词滥调比这更有渊源了。这段引文来自古罗马诗人尤维纳利斯（Juvenal），他的这段话已经流传两千多年了，断言身体和心灵是紧密结合在一起的——你不可能在没有其中一个的情况下拥有另一个。但是，从字面意思上理解，身体健康真的能够让一个人变得更聪明吗？它是否就是真理，以至于医生可以给有阿尔茨海默病患病风险的人，给人到中年想要重新获得年轻优势的人，或者给在学校学习吃力的儿童，都开出锻炼身体的处方？

　　大众的想象力，把两个相关但冲突的刻板印象绑到了一起。一方面，我们现在总是倾向于把健康与智力联系到一起。我们喜欢企业高管和政客们身材挺拔有型；新泽西州州长克里斯·克里斯蒂（Chris Christie）厌倦了总是需要对外解释他的肥胖问题，所以在2013年年初接受了胃旁路手术。但另一方面，没有人会期望曲棍球运动员或举重运动员赢得任何脑力竞赛。肌肉和大脑并不可相提并论。这也是为什么阿诺德·施瓦辛格与西尔维斯特·史泰龙，在好莱坞扮演肌肉硬汉能够获得巨大成功。

　　二十世纪六七十年代的研究，提供了"身体健康确实会影响心理表现"的推断性证据。比如，1975年的一项经典研究发现，那些打网球或壁球的老年人，比那些不锻炼身体的同龄人，在一系列简单的认知测验中表现更出色。20世纪80年代又陆续出现其他研究，大多数的参与者都是老年人，但这些研究发现只是暗示性的，直到两位当下最德高望重的认知心理学家专心投入一项关于游泳的研究。

实际上，这项实验是由哈罗德·霍金斯推动的，我曾在第一章谈到过这位心理学家，他现在管理着海军研究办公室的项目，对认知训练进行了深入的调查研究，希望能够提高军事人员的能力。耶吉和博史库尔的研究团队，只是他当下资助的十几个项目中的一个。然而，在加入海军研究办公室之前，他是俄勒冈大学的一名教师，在国家老龄化研究所的资助下从事研究。

"有一天我与哈罗德交谈，然后他说：'阿瑟，这是我一年前收集到的数据，现在还没有进行处理。你愿意看一下吗？'"

阿瑟·克莱默（Arthur Kramer），是伊利诺伊大学香槟分校的心理学教授，2010年被任命为该校贝克曼高级科学技术研究中心主任。不过，在20年前，他还是一位崭露头角的认知神经科学家，从未研究过身体健康是否会对大脑发挥重要作用，直到与哈罗德·霍金斯进行了那次具有决定性意义的谈话。

霍金斯收集的数据意义非凡。他从分析该领域先前的研究开始，其中提到了一点：当老年人们必须分散注意力的时候，思考能力受到的影响最大。为了尽可能精确地记录这一观察结果，他精心设计了一项聪明的研究，将14个年龄在20～35岁的人的认知能力，与同等数量的年龄在65～74岁的人进行对比。参与者被要求戴着耳机坐在电脑屏幕前面，如果看到一个字母，就用右手的中指按下一个按钮；如果看到第二个字母，就用那只手的食指按下另一个按钮。同样的，如果他们听到了一个特殊的音调，就用左手的中指按下第三个按钮，如果听到另一个音调，就用那只手的食指按下第四个按钮。首先，霍金斯在只有音频挑战的情况下测试他们的速度和准确度；其次，他在只有视觉挑战的情况下测试他们的表现；最后，他把音频挑战和视觉挑战结合到一起。尽管当测试中只包含视觉或听觉成分时，老年组的速度和准确度比年轻对手组的表现只是略差一些，但当两种挑战结合到一起时，他们的成绩就一落千丈。由于年龄的增长，他们分散注意力的能力受到极大的影响。

为了观察是否能够通过有氧运动改善这种与年龄相关的能力衰减，霍金斯设计了第二个实验。参与者是40名男性和女性，年龄在63～82岁，在这项研究之前，参与者们都没有参加任何一项常规体育锻炼。一半人同意在俄勒冈州尤金的基督教青年会参加为期10周、每天45分钟的游泳运动项目；而另一半人则继续什么也不做。这项研究的最后结论是，进行游泳锻炼的人，在单一的听力或视觉测试中，并未比没有进行锻炼的人反应快多少，但他们在听力和视觉融合测试中的表现明显好很多。在10周的时间里，他们的多重任务处理能力得到显著增强。

"你瞧，这就是很好的认知收益，"克莱默负责撰写和分析1992年发表在《心理学与老龄化》（Psychology and Aging）杂志上的论文，"但我还是有些担心。我想知道这项研究是否可以复制，其他的研究是否可以取得同样的结果。"

霍金斯让健身球转了起来，但克莱默才是那个把球捡起来并带球往前跑的人。1999年，他和贝克曼研究所的九名同事以及以色列巴伊兰大学的一名研究人员，一起在《自然》杂志上发表了一项研究。《自然》杂志被认为是科学研究领域的所有出版物当中最值得尊敬且占据主导地位的出版物。他们在报告里写道，在六个月的时间里，124名60～75岁久坐不动的老年人，被随机指派要么进行每周三天、每天一小时走路这种温和的有氧运动，要么进行身体拉伸和练声的无氧运动。

"在衰老（ageing，在写给一家名副其实的英国杂志时，他们使用了英式拼写 ageing）过程中，"他们写道，"神经区域和认知过程并不会同步衰退。执行控制过程的大脑前额叶和额叶区域，会随着年龄的增长而出现巨大的、不成比例的改变。正是这种与年龄相关的执行控制能力的下降，解释了为什么1992年的研究发现，多任务处理在衰老过程中受到的影响最大。因为它需要的不仅是猫盯着老鼠、狗盯着猫那样简单的专注力，还需要快速地、有意识地引导注意力的转移——一边盯着时间，一边看卡通片《猫和老鼠》，一边为考试复习——这是人类擅长的。"

因此，虽然六个月后步行组和练声组在不需要转移注意力的任务上的表现相当，但在任务转换测试中，步行组的成绩显著高于练声组。这一发现尤其引人注目，因为只需每周步行三小时，就使步行组的平均最大耗氧量提高了5.1%。

正如期待的那样，鉴于杂志的权威性和结果的清晰性，这项研究被全球众多媒体争相报道，从BBC（"运动提高脑力"）到

《纽约时报》("一项针对老年大脑的健身计划")。克莱默后续又发表了十多项运动和认知能力相关的研究,其中还包括两项关于儿童的。2010年,他发表了对9~10岁儿童进行的功能性磁共振成像研究,研究显示那些运动量大的儿童的记忆力更好,海马体更大。海马体是大脑深处的一个海马形状的结构,它对于形成短期记忆和长期记忆都至关重要。克莱默在2012年发表了另一项研究,发现身体健康的儿童的认知控制水平要高于那些体格较弱的儿童;在反应测试中保持敏锐的时间更长;测试中大脑额叶区域的活跃度更强。

少数几项针对儿童运动进行的随机研究之一,不是由克莱默领导的,而是由位于南卡罗来纳州格林维尔的弗曼大学的研究人员领导的。参与者是二年级到八年级的非裔美国学生,在2009—2010学年,他们随机安排学生每天参加45分钟的日常体育课,并与没有参加体育项目的学生进行对比。到2010年5月,参加训练的学生在26项认知指标中的8项(以及16项健康与身体成分指标中的7项)中的进步显著高于对照组的学生。

如果在其他研究中也能够证实这一效果,那么这些研究结果会给学校的教育体制带来深远影响。在过去的几十年当中,教育体制大量地缩减了体育教育的时间,用于支持基础学习和考试准备。如果通过缩短孩子们在健身房和参加体育锻炼的时间,反倒削弱了本想提升的认知能力,这有多么讽刺呢?

与此同时,体育锻炼对于婴儿潮一代的心智敏捷性的影响是无可争议的。

"在过去的10年间，至少有四项针对已公开发表的研究的元分析，"克莱默告诉我，"它们都得出了同样的结论：体能训练对于改善认知发挥了重要影响。我们在全世界进行了众多实验。有趣的是，你并没有训练认知的任何方面，你也没有学习任何知识。你只是在走路、游泳或骑自行车，一周只有三次。尽管如此，你会在几乎所有领域获得提升，包括记忆、感知和决策制定。这真是一件神奇的事情，我们发现的这个小小的改变，能够改善一个人的生活。"

然而，克莱默认为人们并没有普遍认可有氧运动的功效优于其他类型的运动。比如，2008年的一项考克兰综述，质疑有氧运动的认知收益仅仅是由于心血管健康状态的改善，而不是由于肌肉力量的增强和其他运动能力的影响。

通过力量训练来提升认知功能的主要倡导者，是一位精神饱满的40岁慢跑者、养狗爱好者、三位孩子的母亲，她还拥有一系列令人印象深刻的学术头衔：英属哥伦比亚大学物理治疗系副教授、温哥华总医院摔伤预防门诊研究主任，以及大学老龄化、移动能力和认知神经科学实验室主任。

"我的第一个学位是在物理治疗领域取得的，"特蕾莎·刘-安布罗斯（Teresa Liu-Ambrose）告诉我，"我工作了两年，治疗的主要是运动员，从国家队的到业余队的都有。我后来开始更多地专注于老年人群体，并回学校继续学习，在2004年拿到博士学位，研究领域是预防摔伤和骨骼健康。我做了一项运动研究，研究对象主要是75～85岁的女性。我注意到，她们容易被过量信息淹没——'今天我不能去上课了，因为我需要弄清楚我的纳税申报'，尽管当时只是一月份。"

"研究中有许多'啊哈'时刻，"刘-安布罗斯继续说，"研究初期，我需要开车接一些人上课，因为她们不太情愿，或者觉得使用公共交通工具有困难。但是，等到研究快结束的时候，她们每个人都自己去，无论是通过朋友还是乘坐交通工具。有一个人在退休前曾是一名会计师。在研究进行到一半的时候，她决定回去上班，做一名自主创业的咨询顾问。我认为其中的转变十分明显。这也是为什么我会回到运动和大脑健康的研究轨道上。"

2010年，她和温哥华的同事一起发表了一项研究，参与者是155名年龄在65～75岁的女性，她们被随机地分配任务，包括每周一次的阻力训练，每周两次的阻力训练，或（对照组）每周两次的平衡训练和练声。认知控制的标准测量发现，进行阻力训练的两个组的得分都提高了10个百分点，而平衡训练和练声组却下降了0.5个百分点。

在2012年发表的后续研究更令人印象深刻。刘-安布罗斯和她的同事招募了86名患有典型的轻度认知障碍的老年女性，在六个月的时间里，她们为参与者随机分配了练声和平衡训练、阻力训练以及有氧运动。有氧运动组在平衡性、活动能力和心血管方面都有明显改善，但在认知方面却没有体现。相反的是，阻力训练组在注意力、冲突解决和记忆力相关的测试中有明显改善。同样，在功能性磁共振成像测试中，只有阻力训练参与者的脑皮质三个区域活动都增加了。

看到认知能力能够从阻力训练而不是有氧运动训练中获得收益，刘-安布罗斯表示很高兴，原因之一是许多久坐不动的老年人难以参加有氧运动。"大部分的老年人真的没有这个能力。"她告诉我。而且，阻力训练能够预防常常会导致伤残的摔伤和骨骼损伤。

"阻力训练的一个关键点是循序渐进，"刘-安布罗斯说，"这需要个性化。我们需要对人们的能力进行评估，让她们分别举起不同重量的杠铃。然后我们会应用过载原则。那意味着，你需要让肌肉处于舒适水平之上，同时仍然能够保持适当的动作。同时，我们会监控每个环节的任何一点改善。如果她们能够完成两组八个训练，我们就会多举起10%～20%的重量。我们认为，循序渐进非常重要，这关系到阻力训练如何促进大脑健康。"

她的话引起了我的共鸣。刘-安布罗斯告诉我，阻力训练的成功，依赖耶吉和博史库尔在N-back训练里使用的同样的方法。这需要精准地根据每个人的初始能力不断调整，然后随着能力的增加加大难度。虽然一项与身体相关，另一项与心理相关，但都需要不断地推进能力极限，随着极限慢慢扩展，收益也会逐渐展现。

她的养生疗法只有六种基本的运动，其中包含压腿、腿部弯举、滑轮下拉以及坐姿划船等。

尽管她的研究发现了阻力训练的收益，她也很快认可了有氧运动的作用，因为有氧运动对你身体的作用就像是水让船浮起来的作用。"如果有人在慢跑，"她说，"从阿瑟·克莱默的研究来看，这当然会持续产生明显的效果。"

刘-安布罗斯说，真正的问题在于，如何说服人们去锻炼。

"我们不得不跟500个人沟通，才能有100个人同意参与研究，"她说，"而在那100人当中，只有80~85个能够坚持完成。为了让她们坚持下来，我们需要付出很多的努力。人际互动会在其中发挥很大的作用。指导者在与她们的联系过程中扮演着重要的角色，要对她们的生活表现出真正的兴趣。"

"接下来最大的挑战，"她说，"在于从社区中找到阻力训练课程。对于阻力训练，我们能够接触到的课程并不多。在温哥华当地有一些，但如果你离开大都市地区，就没有多少了。大多数的社区确实会为老年人提供一些健康课程，但通常这些课程都是轻量级的，比如平衡或轻度有氧运动。就算有举重训练也不是渐进性的。我们需要比社区做更多工作来提供能够真正起作用的项目。"

在目前的情况下，似乎全世界人们的健康程度都在下降，肥胖症的比率在激增，这实质上也让我们变得更加愚笨。

然而，对于美国最高法院的成员来说，情况却并非如此。在那些著名的白色大理石柱后面，有法官专属的健身房。大法官露丝·巴德·金斯伯格（Ruth Bader Ginsburg），2013年3月15日她就80岁了。她在1999年接受结肠癌治疗后，就与私人教练一起开始锻炼身体。她一个小时的训练课程包括热身、伸展、举重训练和平衡。

"当我开始健身的时候，看起来就像是奥斯维辛集中营的一名幸存者，"金斯伯格在接受《华盛顿邮报》采访时这样告诉记者，"现在，我最多能做到20个俯卧撑。"谈及她的长期教练布莱恩特·约翰逊，她说"我把我的健康，归因于我们每周两次的会面。这十分重要"。

这个案例就此结束。我把锻炼身体加入我的列表里。

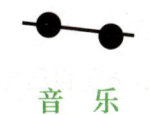

音 乐

这绝不会是巧合：两位心理学家的研究成了音乐科学的里程碑，他们把音乐看作是增强认知的一种手段，也同时开启了自己作为音乐家的事业之路。

第一位是弗朗西丝·H.劳舍尔（Frances H. Rauscher），在从哥伦比亚大学获得实验心理学博士学位之前，她曾学习过大提琴。1992年，她加入加州大学欧文分校的学习和记忆神经生物学中心，在那里她和两名同事一起进行了一个实验，至少在一段时间之内，它与本杰明·富兰克林在暴风雨天气放风筝的实验一样著名。你几乎肯定听说过这项研究带来的巨大收获，它也被称为莫扎特效应：如果婴儿的父母给婴儿播放莫扎特的音乐，他们就会变得更聪明，即便他们还在妈妈的子宫里。

这里会讲到这项研究的具体内容：36名大学生（不是婴儿），每个人听10分钟声音，其中一组听到的是静音，另一组听到的背景音指令要求大家放松，最后一组听到的是莫扎特的《D大调双钢琴奏鸣曲》。在每个听音环节之后，他们马上会参加一个"空间推理"测试，需要每个人准确地想象出一个旋转的三维物体被画在一张纸上的效果。听10分钟静音的组，平均空间智力得分是110，听放松指令的组是111，但听莫扎特音乐的组，平均得分是119。"因此，听音乐的参与者的智力情况，比其他两种状态的得分高出8～9分"，劳舍尔和同事们在1993年10月14日那期《自然》杂志上发表了自己的研究。

尽管这项小规模研究的参与者只是大学生，尽管论文中明确指出这种影响效果只持续了10～15分钟，但我们的流行文化还是得出了这样的结论：莫扎特的音乐会让婴儿变得聪明。这受到一本高调的书《莫扎特效应》(The Mozart Effect) 以及它的续集《莫扎特效应：用音乐唤醒孩子的头脑、健康和创造力》(The Mozart Effect for Children) 的刺激推动。1998年，时任佐治亚州州长泽尔·米勒（Zell Miller），建议他的州一年花费10.5万美元，为本州每一位新出生的婴儿提供一套古典音乐录音。"在很小的年龄就听音乐，会对他们的空间推理能力带来积极的影响，为他们未来学习数学、工程和国际象棋打下潜在基础，这是毋庸置疑的。"他告诉立法者。在给他们放了贝多芬的音乐之后，他问："现在，难道你们没有感觉自己变得更聪明了吗？"《纽约时报》的一篇文章，援引了州立法者荷马·M.迪洛奇（Homer M. Feloach）的反应："我曾询问，是否可以包含一些类似查理·丹尼尔斯（Charlie Daniels）的音乐，但他们认为古典音乐能够发挥更积极的影响。"

两年后，2000年6月16日，时任总统比尔·克林顿、音乐家比利·乔、维亚康姆公司CEO萨默·雷石东一起到访了位于纽约东哈莱姆的96号公立学校，庆祝VH1拯救音乐基金会为城市学校捐赠价值500万美元的音乐器材。克林顿在当天的演讲上回忆了他在高中时期如何学习演奏萨克斯，说道："如果没有在学校里学习乐器，我可能不会成为总统。"

在那时，《自然》杂志已经针对劳舍尔的论文发表了两篇极具破坏性的研究：一篇研究分析了其他20篇试图复制她的实验的研究，结果发现在听了莫扎特的音乐后，智力平均只提升了1.4；另一篇想要复制这个实验的研究没有发现任何差异。"研究结果表明，听莫扎特的奏鸣曲，在任何一个实验中都没有提升空间推理能力，"这份研究总结道，"因此，也许一首安魂曲是合适的。"

"莫扎特效应？那只是胡扯。"这是多伦多大学心理学家格伦·谢伦伯格在《洛杉矶时报》2010年学术共识中总结的。有些讽刺的是，谢伦伯格是"音乐让你变得更聪明"的研究中的另一位领军人物。而且，他的知名度要比劳舍尔大得多。

与劳舍尔相似，谢伦伯格最开始也是一名音乐家。1977年，他成为多伦多的一个很有影响力的摇滚乐队 The Dishes 的键盘手，该乐队曾在当地电台大放异彩，一度为 Talking Heads 乐队助演。在20世纪80年代末和90年代初，他为三部电影创作过音乐，包括《便池》(Urinal) 以及《爱之风暴》(Zero Patience)。《纽约时报》对谢伦伯格的音乐创作给出好评："吉尔伯特和沙利文、林戈·斯塔尔、Kinks 和宠物店男孩的跳跃风格混合。"

然后他抛弃了这一切，把学术研究当作自己的事业。因为，没有人把终身职位授予宠物店男孩。

谢伦伯格上大学时的专业是心理学，他决定继续攻读该领域的博士学位。2004年，他成为多伦多大学的一名教授。那一年，他发表了一项研究——"音乐课程能够增强智力"，至今被其他论文引用363次。与劳舍尔的只听10分钟莫扎特音乐的研究不同，谢伦伯格准备让儿童上一整学年的音乐课程，看看会比表演课更能全方位地提高他们的智力水平，还是根本不起作用。他招募了144名六岁的儿童，让1/4的孩子学习键盘课程，1/4学习声乐课程，1/4学习戏剧课程，1/4不学习任何课程。经过36周之后，四组学生的智力都略有提升——这对于刚上小学的儿童是正常的——但接受过音乐训练的学生的智力水平比其他学生的要明显高出一些。那些没有接受课程训练的学生，智商分数提高了3.9分；接受戏剧训练的学生提高了5.1分；接受键盘训练的学生提高了6.1分；接受声乐训练的学生提高了7.6分。"与控制组的儿童相比，音乐组儿童的综合智商得到更多的提升。"谢伦伯格总结道。他注意到，接受音乐训练的学生的智商分数越高，年终考试的分数也越高。（至于为什么接受声乐训练的学生比接受键盘训练的学生表现更好，还不得而知。）

与劳舍尔的研究相比，外界对谢伦伯格的温和的研究结果的反应是戏剧性的。

"这个领域的学术界已经疯狂了，"他告诉我，"在这个领域，我算是脾气暴躁的人。我确实是唯一一个提供了令人信服的研究证据的人，正规的音乐训练能够让你变得更聪明。但即便对于自己的研究发现，我也持保留态度，并且我认为其他人也应该这样。"

哈佛医学院有像音乐和神经影像实验室这样的部门，他们的研究表明，音乐家有更好的大脑，谢伦伯格对他们漂亮的图片持怀疑态度，指出这些研究都没有遵循他在2004年研究中遵循的随机试验设计原则。"我并不是一名神经科学家，"他说，"我甚至不喜欢神经科学。但我对科学的了解足以说明，如果你的研究没有正确的试验设计就无法推断因果关系。许多神经科学家似乎并不懂得这一点。"

谢伦伯格自己对之前的研究发现进行了重复检验。2011年，他与希尔万·莫雷诺（Sylvain Moreno）以及其他五名多伦多地区的研究人员一起发表了研究论文。这个团队由莫雷诺领导，招募了48名学龄前儿童参与两种计算机训练：一种是视觉艺术，强调如形状、维度、视角等概念；另一种是音乐，包括节奏、音高和旋律。通过为期四周、每周五天、每天两小时的训练，只有音乐组的儿童在语言智力方面有所提升，该组90%的学生都有所提升。

另一个从音乐课中获得认知收益的证据来自伦敦。一项叫作"桥梁项目"的计划，从工薪阶层社区朗伯斯的两所学校招募了几百名学生。这项计划的研究任务是把参与计划的学生的数学和文学成绩，与控制组学生的进行对比。研究发现，参与音乐项目的儿童比那些没有参与的儿童，分数要高出10%~18%。

这几天，谢伦伯格告诉我，他把音乐课程和智力之间的关系，看作是一条双向街道。"在音乐课程的案例中，先天与后天几乎是不可能分开的，"他说，"我认为，聪明的孩子更愿意参加音乐课程并长期坚持学习，这反过来会进一步拓展他们的认知功能。"

那么，可以很确信地说，听莫扎特的音乐并不会让人变得更聪明，而学一种乐器可能可以。音乐训练的证据是中度的，并不像锻炼身体或类似N-back的工作记忆游戏那样确凿有力。但是，至今尚未发表任何与谢伦伯格的研究相矛盾的观点。而且至少，在训练结束的那一天，我还可以学到一种令人身心愉悦的技能来创作音乐；这和N-back可不一样，它如果不能增加流体智力的话就完全是毫无意义地浪费时间。

我把音乐训练加入了我的列表。

正念冥想

作为全球学术界唯一一位具有"冥想神经科学主任"职务的人，阿米希·吉哈（Amishi Jha）的日程安排极为紧凑。2013年1月，在瑞士达沃斯举行的世界经济论坛上，这位迈阿密大学心理学副教授进行了一次关于正念冥想的讲话。2月6日，她在纽约科学院进行了"正念科学"的讲话；之后的一周，她引导图西·克鲁格（Tussi Kluge）进行了一天的静修，这位是亿万富翁约翰·克鲁格（John Kluge）的遗孀也是其第四任妻子。之后的一个月，也就是3月，吉哈关于这一主题的文章刊登在《科学美国人脑科学》（Scientific American Mind）杂志封面。与此同时，她还管理着美国军队提供的170万美元资金，研究正念训练怎样影响驻扎在夏威夷群岛火奴鲁鲁的斯科菲尔德基地的士兵的复原力。她甚至还与女演员戈尔迪·霍恩（Goldie Hawn）一起出席了阿斯彭大脑论坛（Aspen Brain Forum），这位女演员为学校资助了一个项目，称之为"心智提升"。

但不要被潮流迷惑。大量研究表明，古代的正念冥想实践，为改善认知能力、增加注意力、扩展工作记忆和积累流体智力提供了一种有希望的方法。该领域杰出的人，包括美国最为德高望重的心理学家之一，迈克尔·波斯纳（Michael Posner）——俄勒冈大学的名誉教授，之前担任心理学系的主任。作为几百篇科学论文的作者，波斯纳于2009年10月10日在白宫被时任美国总统巴拉克·奥巴马授予国家科学奖章。

"我对这些文章的结论感到非常惊讶，"我与波斯纳进行过多次沟通和交流，他在一次谈话中告诉我，"大多数的研究都会假定要经过几个月或者几年才能看到效果。但我们观察到大脑白质在两周之后就发生了改变。我们还观察到，行为、认知控制、注意力网络都发生了实质性的改变。"

2005年，波斯纳以托克尔·克林伯格的研究为基础发表了一项研究，表明只要五天的计算机注意力训练，就能够使4～6岁儿童的流体智力得到提升。这之后，一位名叫唐一源的心理学家和神经科学家来找波斯纳。他在俄勒冈大学和中国的大连理工大学身心实验室都有职务。

"我并不是冥想的开创者，"波斯纳说，"我一贯是一个相对冷静的人。但一源过来看我，说他在中国进行了一些与冥想相关的工作，他想以一种西方科学认可的方式，构建一种冥想的方法论。我研究注意力很多年，而他认为如果五天就能够看到改变，这项工作看起来就实际可行了。我就同意帮助他设计实验了。"

唐设计了一种特殊的正念冥想，他称之为"整体身心调节法"，或IBMT。以下是2007年10月23日，他们发表在《美国国家科学院院刊》上的首篇研究论文中的内容：

> 这种方法强调不要试图控制思想，相反，要保持一种宁静的警觉性，这有助于唤醒对身体、呼吸和外在播放指令的高度觉知。在集中注意力的同时，它强调一种保持平衡的放松状态。思想控制，会通过姿态放松、心智和谐，以及教练的帮助带来的平衡感逐渐实现，不需要让训练参与者为了与指令保持一致，通过内心的挣扎来实现。这种方法的训练之后，是为期五天的团队练习，在这个过程中，教练会回答问题，并通过观察面部和身体线索来识别不得要领的人。

其他人把正念冥想描述成对每时每刻的觉知，无论是思想、感受，或者脑海中对身体的感觉，都无须判断或反思，这种感觉像看天边的云卷云舒，只留下注意力和敏锐。

为了这项研究，唐在大连招募了80名中国大学生，他们中的一半人被随机安排参加初步训练课程，之后会接受为期五天的IBMT课程，每天20分钟，而另一半学生接受放松训练。实验前后，学生们都接受了雷文的标准渐进式矩阵测试和波斯纳研发的称为"注意力网络测试"的注意力测试以及焦虑、抑郁、愤怒、疲劳等与压力相关的唾液皮质醇含量测试。在注意力测试中，那些学习冥想的学生，认知控制能力明显更好，雷文的渐进式矩阵测试的分数也更高；所有其他的测试都有明显改善。

在这之后，波斯纳和唐继续进行了一系列核心的神经科学研究，观察大脑中到底发生了什么引起注意力、心情和流体智力的快速改变。2010年，他们在《美国国家科学院院刊》上发表了另一项研究，这份研究显示，11个小时的IBMT训练会提高白质的整合性和效率——它就像是连接神经元的电缆——这源于前扣带皮层，或简称为ACC。它的形状像一个倒过来的耐克标志，位于眉毛上面几厘米，再后面几厘米的地方，与前额皮质紧密相关。ACC在大脑需要认知控制、学习和解决问题时最活跃。

然后，在2012年，他们的代表作问世了，这是刊登在《美国国家科学院院刊》上的第三篇研究，该研究更深入地观察了ACC内白质变化的本质。这次从大连招募了68名大学生参与者，在两周时间内接受IBMT训练总共五小时的人，ACC内神经纤维增加，但覆盖这些纤维的髓鞘——就像包裹电线的绝缘体，并没有增多。然而，俄勒冈大学的48名学生，在四周的时间接受了总计11个小时的训练，他们的神经纤维和髓鞘都增加了。所以，似乎是在前两周铺设的电线，在后两周获得了绝缘涂层。

"几乎任何神经科学领域的事物都会被质疑，但我不认为这些训练后的突触改变会再引发什么争议，"波斯纳告诉我，"我们相信，通过改变白质本身，这些联系会提升效率，这是行为改变的基础。"

这是否意味着，正念冥想会从实质上让人们变得更聪明？

"没有什么方法对每个人都适用,"他说,"并不是每个人都会从正念训练中获得收益。对某些人来说,他们的训练效果会更显著。但不同类型的训练,能够分别提高注意力、工作记忆和智力,我对此并不怀疑。这些基础数据是极具说服力的。"

我把正念冥想加入我的计划中。现在,我的智力干预列表很好地平衡了古老的身体锻炼、音乐训练和冥想,以及现代的使用计算机的Lumosity和双重N-back方法。但仍有两种影响广泛的、属于未来的认知提升方法有待探索:大脑刺激装置和思维拓展药物。为了了解情况,我应该去哪里?新奥尔良!

第五章 聪明药和思维帽

被电话铃吵醒的时候，我正躺在与波旁街相隔一个街区的法国区的酒店的床上，我发现自己一瞬间忘记了自己在哪里以及为什么在这里。太多的会议，太多的科学家。伸手去拿电话的时候，我突然想起来了：新奥尔良。第22届年度神经药理学大会的主题是"认知增强剂"。所有顶尖的"聪明药"研发人员都会齐聚在此。

"这是为您提供的叫醒电话。"电话里传来了自动语音。

我挂上电话，重新躺下，闭上眼睛，再睡一会儿。然后，我梦到我的脑袋膨胀起来，就像烤箱里的面包一样。我的额头变成现在的两倍。它发出可怕的声音，裂开了，我看到我的大脑开始冒泡。

这时我惊醒了，赶忙起身去参加会议。

"为什么我们需要认知增强剂？"

上午的第二位发言者是加里·S.林奇（Gary S. Lynch），他长期以来是该领域的领导者，也是研发聪明药的先驱之一。在二十世纪八九十年代，以老鼠和其他动物的早期研究为基础，他加入或创办了一些公司，这些公司都有未来科幻派名字，比如科特斯医药品公司（Cortex Pharmaceuticals）和记忆药业（Memory Pharmaceuticals），但这些公司后来都没有发展起来。他们投入了大量的资金，在众多杂志文章里写了"大脑伟哥"或诸如此类的事物，但林奇从未放弃他在加州大学欧文分校的研究员工作。他甚至与他人联合撰写了一本书，名叫《巨大的大脑》（Big Brain）。考虑到我那天早上做的噩梦，我觉得这本书有些令人烦躁。

"每隔四年，"他说，开始回答在演讲开头提出的问题，"都会有一场瘟疫降临到美国，称为总统选举。任何一个关注它的人，在今年都会看到认知增强剂存在的必要。"

在250多名科学家的簇拥下，会议的策划者们把会议转移到了希尔顿新奥尔良河畔酒店的一个更大的房间里，以容纳多出的人——我来看看，与20多年前相比，他们现在是否已经能够开发出安全的、能够增强认知技能的药（关键词是"安全"），当年这一论断被首次提出的时候，人们宣称成功就在眼前。

在这次会议相关的辩论会上，国家药物滥用研究所所长诺拉·沃尔考（Nora Volkow），对于已经上市的药品表达了严重担忧。她说，像阿得拉（Adderall）这样的兴奋剂，本应只用于治疗多动症，但现在每年有8%的美国高中高年级学生把该药品用于非医疗用途。一款更新的药品莫达非尼（Provigil），被批准时只是用于治疗嗜睡症，而在学生群体和商业人士中被广泛用于获得竞争优势。但是，当英国神经科学协会主席大卫·纳特（David Nutt）断言这些使用者很少因为使用药物而承受副作用时，沃尔考反击说：“是的，这些兴奋剂药物已经被军方使用超过50年了，但有趣的是，英国开始停止使用它们，因为这些兴奋剂能够让人变成偏执狂。在美国，兴奋剂药物的使用被看作是友军的炮火，因为它会带来扭曲的观念和偏执的思维。”

或许，像阿得拉这样的兴奋剂最大的危险在于上瘾，甚至莫达非尼也会影响习惯形成。尽管如此，沃尔考说：“如果你能够研发一款不存在副作用的药物，它既可以增强注意力，又可以增强记忆力，我的观点是，何乐而不为呢？如果能够有这种药物，那将是非常非常让人激动的事情，但我再一次强调**没有副作用**，因为当下可以获得的药物都有副作用。”

即使当下可以获得的药物都没有副作用，使用它们的学生和其他人似乎从来没有考虑过的一个问题是，药物是否真的有效——它们是否真的会让人变得更聪明，能够帮助更好地解决问题和记忆事物，还是只是让人保持清醒，工作更长时间？为了回答这个问题，美国宾夕法尼亚大学的一名心理学家玛莎·法拉（Martha Farah）提出了目前为止最早从健康角度测试思考和学习能力的实验之一，这是针对服用阿得拉的年轻人进行的实验。"实验结果并没有显示任何认知能力的增强。"她总结道。通过单词记忆和雷文的渐进式矩阵测试，发现能力最低的学生群体有轻微的改善。但这个效果并不明显，不具有统计学上的重要性。尽管缺乏明显的收益，法拉最惊人的发现是，参与者却**相信**他们的表现会在服药后变得更好。这得有多恐怖？一片药就会让大学生们变得更加自信。

"我非常想要说清楚的是，我并没有责备研究人员，"法拉对研究团队讲，"我并不想成为一名虚无主义者，也不是没有能让认知增强的东西。但我们知识匮乏的程度，真的非同寻常。"

她发言之后并没有人鼓掌，这明显违背了礼节。法拉从讲台上安静地走下。

大家把更多的欢迎给了芭芭拉·萨哈金（Barbara Sahakian），她是这次会议的联合组织者。尽管她在剑桥大学和牛津大学都担任要职，有英式口音，但实际上她是在波士顿长大的。萨哈金带来了一项令人鼓舞的研究，她利用莫达非尼和对照安慰剂，在健康的、处于放松状态的成年人身上进行思考能力研究，这是业界第一次进行这类研究。她的研究得出结论，在"最困难的空间工作记忆、计划和决策制定以及延迟的视觉模式识别记忆"方面，药物的改善作用很明显。但在针对创造力的测试中，她报告说，效果"不一致，没有统计显著性"。

总结起来，萨哈金说："我们需要新型药物。"她同时也支持使用认知训练和其他非药物方法来改善认知功能。"最佳的效果，"她说，"可能需要结合所有这些治疗方法。"

会议剩下的大部分时间，都在介绍世界各地的大学和制药公司正在研发的几十种新药，这些药物的名字有ZIP、crebinostat、THPP-1、细胞毒性坏死因子1、LSN2463359以及LSN2814617。有些被用于抗击阿尔茨海默病，有些帮助精神分裂症或抑郁症患者恢复清晰思考，还有些旨在增强健康成年人的认知能力。然而，大多数的新药目前都只在小鼠身上试验过，有些尚处于试管试验阶段。各位嘉宾演讲时滔滔不绝。

"幸运的是，我们可以将UBP7089溶于含钙介质中。"

"PKM zeta的持续活性调节了部分LTM，但不是全部。"

"我们一直在增强的LTP，是LTP 1，我们并不知道，LTP 2潜伏在哪里。"

我开始环顾周围的与会人员。电影中的科学家们仍然穿着的粗花呢夹克、打着的蝴蝶结，我却哪里都找不到。我左边坐着一个健硕的家伙，戴着镶钉的皮腕带。他旁边是一个20多岁的光头，穿着迷彩衬衫。隔着两排坐着一个过度肥胖的人，穿着印有花朵图案的百慕大短裤和polo衫。我旁边的一位年轻女性正在刷手机，而她旁边的人正在喝着小红瓶里的东西。我忍不住多看了两眼，意识到那是"5小时能量"（5-Hour Energy），里面还有咖啡因和其他成分，比如叶酸和维生素B_6。这看起来很好笑，参加这个会议的科学家会喝这种饮料。然后，我从前面的女士那里又看到一小瓶。

我面前也有一瓶。"5小时能量"这种饮料的制造商，成功地把他们的产品推销到认知增强的会议上。我的注意力有些迟钝了，我把它打开喝下，很难喝。但15分钟以后，我觉得自己确实更清醒了。

然后，会议进入休息时间。每个人都站起来走出去，我跟着大家一起，并不确定去哪里。走出走廊，走上楼梯，我们走了五分钟，到了一个放满咖啡和甜品的房间。外面的露台上，一些科学家在吸烟。在尼古丁（nicotine）、咖啡因和糖中，这些研究人员不遗余力地寻求发现认知增强剂。

奇怪的是，当天最令人感到欢欣鼓舞的演讲竟然跟药物一点关系都没有。特蕾西·萧尔斯（Tracey Shors）是美国罗格斯大学的一位知名的、开朗的心理学家，她留着又长又直的金发，描述着她在老鼠身上做的实验。尽管多年以来，研究者已经知道，海马体是形成新记忆的关键部位，海马体不断生成新的神经元细胞，但人们却对如何增强它们的存活能力所知甚少。大多数的神经元最终消亡了。因此，尽管锻炼身体、性行为、百忧解（Prozac）都有助于新神经元的诞生，萧尔斯试图让它们存活得更长久——成为大脑功能性、永久性的一部分。她发现的秘密是，老鼠们开始学习新的窍门。在她的实验中，她让老鼠学习如何在脚下旋转的一根杆子上待住——这相当于让老鼠坐在一个装水的容器上滚动木头。

老鼠们讨厌水。

所以，怀着高度的激励动因，老鼠们学会了保持在旋转杆顶部所需的步法，即使它旋转得更快。它们的技术越娴熟，就会有越多的新神经元在脑中存活。

"任务越困难，效果越明显，"萧尔斯说，"如果它们只是简单地锻炼身体，就无法保留这些神经元。必须学习，同时要付出一些努力。所以，如果你锻炼身体，你会产生更多的神经元。如果你进行大脑训练，你会让更多细胞存活下来。如果你同时进行，那么你就做到了两全其美：你会产生更多的细胞，也会有更多存活下来。在这个过程里，关键是努力。我们需要学习新的事物，并且要足够有挑战性。"

此外，她发现，神经元的存活周期会随着时间的推移成倍增长，数量的增长，就像，怎么说呢，一窝繁殖能力很强的老鼠。"在实验初期，学习新鲜事物的动物，"她说，"几周之后，学习第二项任务的速度会更快。因此，在第一次训练时还没有出现的脑细胞，现在更有可能存活下来，因为较老的细胞会持续存活。我猜想，如果你一生都在坚持不懈地学习，随着越来越多的脑细胞存活下来，最终你的大脑会爆炸。"

她在开玩笑，不是吗？我觉得她是在开玩笑。

在会议结束之前，我想要了解正在开发的新药需要多长时间才能正式上市。没有一位研究人员在他们的报告中给出这样的推测，所以我一直坚持坐到会议结束，同样这样做的，还有提姆·塔利（Tim Tully），他像田野里的一头银色长毛狮子。与加里·林奇一样，塔利在20世纪90年代创办了一家公司，目的是在市场上推出一款聪明药，然而这些愿望破灭了。但与加里·林奇不一样的是，在2007年，他——冷泉港实验室神经遗传学主任离开了学术工作，担任了一家新型聪明药公司的首席科学家，这家公司是达特神经科学（Dart NeuroScience）。

"我离开，是因为当肯·达特向我抛出橄榄枝的时候，我说，'这很棒，但你需要意识到，这可能需要花费你20年的时间才会获得收益'。我当时想，他可能会退缩。但相反，他说：'是的，这跟我预料的一样。'所以我就加入了，因为我有一位投资人，一位老板，他明白我们要花很长时间和很多机会才能成功。对于科学家来说，一旦谁说会在五年内推出新药，那他就是天真。我现在怀疑，自己是否能够活得足够久，在有生之年看到一款真正安全和有效的认知增强剂。但它一定会出现，我坚信不疑。"

当我坐下来对他进行采访的时候，加里·林奇表达了一种似曾相识的谨慎与乐观交织的复杂情感。

"我们已经很好地理解下一代新药的作用机制了，"他说，"我们在动物实验上看到许多精彩的成功。我认为已经到了看到它们在人类身上发挥作用的时刻了，前提是能够克服安全障碍。但这是一个很大的障碍。认知增强的安全边际需要非常大。人们需要反复服用这些药物，没有人会只吃一次。所以，获胜者是首先提出一种干净、安全方案的人或公司。神经精神病学研究的历史，通常是在对100人进行第二阶段研究和对300人进行第三阶段研究的某个阶段，野兽突然从灌木丛后面跳了出来——药物产生了一些意想不到的副作用。这时就需要坐下来分析，看是否碰到了桥下的巨魔。"

对于已经上市的药物，他同意大部分与会人员的观点：阿得拉和莫达非尼所做的不过是让人们保持清醒地工作。它们可能会帮助学生完成一份论文，但不会帮助他或她写得更好。但后来，他提到另一种他认为确实有用的认知增强剂，这种药物臭名昭著——尼古丁。

"尼古丁具备相当的增强效果，"他说，"当我写东西遇到困难时，就会用它进行自我药物治疗。当我遇到困难的时候，我会坐在那里嚼雪茄。人们对我说，'你会服用你正在研究的药物吗'？我发现，尼古丁对我确实有帮助。"

—●—●—

回到新泽西的家里，我阅读了过去五年间发表的几十篇关于人类和动物的研究，显示尼古丁——从有害的宿主烟草中释放出来，可以通过嚼口香糖或透皮贴片来替代——是一种奇怪的让人不敢相信有效的认知增强剂，可以用来缓解或预防各种神经系统疾病，包括帕金森病、轻度认知障碍、多动症、抽动秽语综合征和精神分裂症。此外，它长期以来一直与体重下降相关，几乎没有已知的安全风险。

尼古丁？是的，尼古丁。

实际上——这就是讽刺之处——尼古丁贴片被证明无效的目的，与它们被美国FDA批准在药店柜台上出售，被消费者购买并被许多州医疗补助计划覆盖的目的是同一个：戒烟。2012年1月，一项针对787名近期戒烟的人进行的六年跟踪研究发现，那些使用贴片、口香糖、吸入器或鼻喷雾剂等尼古丁替代疗法的患者，与不使用该产品的患者相比，长期复发率相同。在没有咨询帮助的情况下试图戒烟的重度吸烟者，如果使用尼古丁替代品，实际复吸的可能性是其他戒烟者的两倍。

"我知道吸烟有害健康，"玛丽卡·奎克（Maryka Quik）说，她是位于加州硅谷的非营利组织斯坦福国际研究院（SRI International）神经退行性疾病项目的负责人，"我的父亲因肺癌去世。我特别了解这一点。"

然而，多年以来，奎克一直忍受着许多神经科学家同事的怀疑和敌意，因为她发表了30多项研究，揭示尼古丁对哺乳动物大脑的作用。

"尼古丁的全部问题在于，它碰巧存在于香烟中，"她告诉我，"在人们的脑海中，尼古丁和吸烟是无法分割的。让我觉得烦恼的不是普通大众，而是那些科学家。当我告诉他们这些研究时，他们本应该说'哇哦'。但他们说：'哦，好吧，那可能是真的，但我看不出这有什么意义。'这不是无知，是刻板印象和顽固不化。"

在华盛顿举行的神经科学学会（Society for Neuroscience）年会上，我遇到了奎克。在一个巨大展厅里展示的数千项研究中，她的内容引人注目："尼古丁通过作用于β2烟碱受体，减少左旋多巴引起的运动障碍。"

"大量文献表明，吸烟可以预防帕金森病，"她说，"这一开始源于一个偶然的观察，但通常都会变成最有趣的发现。"

我了解到，尼古丁可能带来好处的第一个线索，来自美国国家卫生研究院流行病学家哈罗德·卡恩（Harold Kahn）于1966年发表的一项研究。利用1917年至1940年间在美国军队服役的293 658名退伍军人的医疗保险数据，他发现了吸烟与死亡率之间的联系，这种联系到20世纪60年代中期才广为人知。在任何年龄段，吸烟者死于肺癌的可能性是非吸烟者的11倍，死于肺气肿的可能性是非吸烟者的12倍。罹患的癌症种类包括口腔癌、咽癌、食道癌、喉癌等。但在一长串常见的怀疑对象当中，有一个古怪的情况出现了：帕金森病。奇怪的是，由神经退行性疾病引起的死亡——以中脑缺乏生成多巴胺的神经元为特征，在非吸烟者中发生的概率至少是吸烟者的三倍。

烟草对心脏、肺、牙齿和皮肤都会造成伤害，但却能预防大脑疾病？这是什么情况？在20世纪70年代，像奎克这样的神经科学家发现，尼古丁分子与神经递质乙酰胆碱的受体契合，就像一把钥匙插入一把锁中一样。尼古丁能够设法通过标有"仅限乙酰胆碱通过"的门，揭示了一个迄今未知的乙酰胆碱受体特殊家族。

多么友爱的家庭啊。尼古丁受体被证明具有调节其他受体家族的非凡能力，可以弱化或增强其能力。根据纳什维尔范德堡大学医学院认知医学中心主任、精神药理学家保罗·纽豪斯（Paul Newhouse）的说法，"大脑中的尼古丁受体似乎通过调节其他受体来发挥作用。如果你困了，尼古丁会让你更清醒；如果你焦虑，它会让你平静下来"。

尼古丁刺激的主要神经递质是多巴胺，多巴胺在调节注意力、寻求奖励、抑制毒瘾和协调运动等方面发挥着重要作用。这就解释了为什么尼古丁可以预防帕金森病这类运动障碍，因为它会影响多巴胺。

为了测试这种药物，奎克用尼古丁治疗患有帕金森病的恒河猴。八周后，猴子的震颤和抽搐次数减少了一半，她把这一发现发表在2007年的《神经病学年鉴》（Annals of Neurology）上，成了一篇具有里程碑意义的论文。更值得注意的是，在已经使用了帕金森病标准药物左旋多巴的猴子身上，尼古丁使它们的运动障碍又减少了三分之一。在迈克尔·J.福克斯基金会（Michael J. Fox Foundation）的支持下，研究者开始研究尼古丁对帕金森病患者的作用。

其他研究表明，这种药物可以在早期阶段预防老年痴呆症。一项研究招募了67名轻度认知障碍患者，他们的记忆力略有受损，但决策能力和其他认知能力仍处于正常水平。研究发现，"尼古丁显著地改善了注意力、记忆力和思考速度"，并且，这种改善的安全性和耐受性极佳。

"我们的发现与之前的研究一致，尼古丁刺激在短期内可以改善记忆力、注意力和思考速度。"研究负责人纽豪斯这样说道。

在纽豪斯看来，"显然，小规模研究的结果往往无法在大规模研究中复制，但至少尼古丁看起来是安全的。我们没有看到任何戒断症状。对于不吸烟的人，使用尼古丁贴片似乎不会引起任何滥用倾向。这足以让人放心"。

然而，这并不能让人放心：这完全是匪夷所思的。新闻报道经常把尼古丁描述为众所周知的、最容易上瘾的物质之一。正如《纽约时报杂志》1987年的一句名言所说："尼古丁和海洛因、可卡因或安非他命一样容易上瘾，对大多数人来说，它比酒精更容易上瘾。"

但这是错误的。**烟草**可能会让人上瘾，它就像海洛因、可卡因、酒精和樱桃加西亚混合在一起做成的一个巨大的疯狂圣代。但正如实验室的科学家们所知，让老鼠或其他动物因为寂寞而对尼古丁上瘾是极为困难的。

正如2007年发表在《神经药理学》杂志上的一篇论文所言："在所有被滥用的药物中，烟草的成瘾率最高。矛盾的是，在动物实验中,尼古丁似乎是一种弱上瘾物。"

和许多其他研究一样,这项研究发现,烟草烟雾中的其他成分对于增强尼古丁的成瘾性是必要的。那些其他的化学成分——乙醛、阿那巴辛、去甲烟碱、阿纳塔宾、可替宁和麦司明——使人们对烟草上瘾,仅仅靠尼古丁自身的力量是远远不够的。

但是,尼古丁作为一种认知增强剂,对没有阿尔茨海默病、帕金森病或其他脑部疾病的人来说,效果又会如何呢?

"据我所知,尼古丁是我们目前拥有的最可靠的认知增强剂,奇怪的是,"当我们谈话时,英国苏塞克斯大学的实验心理学教授詹妮弗·鲁斯特德(Jennifer Rusted)说,"尼古丁对正常人群的认知增强作用比任何其他药物都要强大。例如,莫达非尼带来认知收益的证据,远不如尼古丁那么有力。"

在过去的六年间,来自西班牙、德国、瑞士和丹麦的研究人员——更不用说来自佛蒙特州的保罗·纽豪斯了——已经发表了十多项研究,表明尼古丁在动物和人类身上都能短暂地改善视觉注意力和工作记忆。在英国,鲁斯特德发表了一系列的研究,表明尼古丁可以增强一种被称为"前瞻记忆"的东西,即记忆和实施先前意图的能力。当你妈妈让你在杂货店买一罐泡菜时,她是在给你一个前瞻记忆的挑战。

"我们已经证明尼古丁对前瞻记忆有影响,"鲁斯特德说,"这是一个很小的影响,也许只是15%的改善。它不是那种能够对一个健康的年轻人产生巨大影响的物质。但我们认为，它通过让你更快地重新分配注意力，即从一个正在进行的任务切换到另一个来影响你。这和认知控制有关，它可以排除不相关的刺激，提高你对相关事物的注意力。"

当然，我采访过的所有医生和神经科学家，都一致反对人们将尼古丁贴片用于FDA批准的项目，也就是戒烟的辅助手段（尽管研究发现它不起作用）以外的任何用途，除非它通过了数百人参与的大型研究，确立了真正的收益和风险。但是，大量研究表明它是安全的，而且许多研究表明它很可能是目前市场上最有效的认知增强剂。我决定无视他们的建议，也无视我私人医生的建议。

我把尼古丁贴片加入我的清单里。

宾夕法尼亚大学认知与神经刺激实验室主任罗伊·霍希·汉密尔顿（Roy Hoshi Hamilton）办公室外的小隔间墙上，钉着一张多瑟瑰啤酒（Dos Equis）的图片广告。广告中，这位温文尔雅、头发灰白、蓄着大胡子的演员扮演了世界上最有趣的男人，他坐在自己常喝的啤酒旁边。然而，Dos Equis的标签被另一个标签替换了，上面是一个被电流包围的大脑。宣传活动的口号也改变了。"我并不总是用无创方法刺激我的大脑，"上面写着,"但当我这样做的时候……那就是在宾夕法尼亚大学认知与神经刺激实验室。我的朋友们,请负责任地刺激大脑。"

事实证明,有一种比啤酒、威士忌、咖啡、阿得拉、莫达非尼或任何其他已知的药物——无论是已批准的还是开发中的,更安全、更可靠的方法来刺激你的大脑。鉴于它在随机临床试验中取得了惊人的成功,无创性脑刺激几乎没有引起公众的注意实在出人意料,它产生的结果就像来自科幻小说。经颅直流电刺激(transcranial direct current stimulation, tDCS),只需要使用极低的电压,比如为手电筒提供电力的9V电池,既不会引起抽搐,也不会产生任何已知的副作用,只在电流作用于颅骨时产生轻微的刺痛。整个过程只需要20分钟,重复5~10天。自2005年以来,在领先的科学期刊上公开发表的研究表明,tDCS可以改善各种用途的效果,包括(深呼吸)抑郁、中风、创伤性脑损伤、长期记忆、数学计算、阅读能力、复杂的语言思维、规划、视觉记忆、分类能力、洞察能力及解决固有难题。

这简直完美得不像真的,对吗?用汽车电池的正极和负极在颅骨上施加20分钟的极少量电流,怎么能让人们变得更聪明呢?

当我在这所大学戈达德实验室大楼五楼的办公室里向汉密尔顿提出这个问题时,他向后靠在椅子上微笑着,以一种古代哲学家的经典风格,用他自己的问题回答了我。

"什么是思想?思想是大脑中的神经元处于放电模式时发生

的事。如果你有一种技术能够让数量众多的神经元——这些认知的基本模块——稍微变得更活跃，更好地完成它们的功能，那么非常谨慎地说这项技术能影响认知过程，就不算牵强附会。如何让技术持久地产生影响？神经科学中有这样一句箴言，是由唐纳德·赫布（Donald Hebb）创造的：一起放电的神经元会连在一起。所以，我的这个工具可以让神经元更容易放电。现在，当我使用电流的时候，我会让你做一些使用工作记忆的行为，比如，大声朗读一些单词，即使你中风后失语。这是我感兴趣的领域。所以，当神经元网络处在一个轻微助推它的环境时，神经元更容易被激发，也更容易成功执行行动。这并不牵强。在两周的练习中，同样的情况一再发生时，新形成的途径会得到加强。我也觉得这看起来很简单。我们并不是把一些超高科技的纳米机器人植入你的大脑，清理你的颈动脉。但这与我们对大脑如何工作的想法一致，也似乎确实产生了广泛的影响。"

汉密尔顿留着棕色的山羊胡，卷曲的胡椒色头发，黄褐色的皮肤，让人以为他是意大利人或西班牙人，实际上他是日非裔美国人。"Hoshi，我的中间名，是我母亲的娘家姓，"他告诉我，"她来自福岛地区。我父亲来自奥克兰。他们在洛杉矶相遇。我母亲来美国是希望提高她的英语水平。这个计划改变了。她和我父亲结婚了。我在洛杉矶以南大约43千米的长滩长大。"

从哈佛大学以优异的成绩获得心理学学士学位后，汉密尔顿计划成为一名精神病学家。但关于在哈佛医学院的第一年，他解释说："我去听了行为神经学家阿尔瓦罗·帕斯夸尔-莱昂内（Alvaro Pascual-Leone）的讲座。他当时是一名新的助理教授，刚刚来到哈佛。他讲的是，盲人如何完成非凡的触觉任务，当他们这样做的时候，他们激活了大脑中你和我用来完成视觉功能的部分。当他们触摸东西时，他们的视觉皮层会被激活。阿尔瓦罗证明了，他可以通过在盲人的后脑勺上放置一个强大的磁铁控制这种情况，并对大脑的这一区域进行电击。在那一瞬间，他们完成触觉任务的能力就降低了。他证明了，你可以使用一种技术，以一种聚焦的、精准的方式来控制大脑活动。我想，'这是我这辈子见过的最酷的事情，这就是我要做的'。"

那是在20世纪90年代中期，当时帕斯夸尔-莱昂内率先使用经颅磁刺激，探索和控制大脑区域的功能。汉密尔顿结束了三年的医学院教育，最终以优异的成绩获得了哈佛大学医学学位，之后在帕斯夸尔-莱昂内的实验室工作。他在宾夕法尼亚大学完成了神经学住院医生的实习，现在是那里的一名助理教授。汉密尔顿在三年的时间里发表了10项研究，证明tDCS可以帮助有阅读障碍的成年人更好地阅读，还可以提高中风失语症患者找到他们说的单词的能力。

但是，所有这些研究只持续了10期。在距离汉密尔顿的实验室西北三千米的天普大学校园里，神经科学家英格里德·奥尔森（Ingrid Olson）正在进行一项研究——连续30天对参与的大学生进行tDCS。

"在短期内，这超级安全，"她告诉我，"从未有任何严重的不良反应报告。但是我们不知道连续刺激30天的结果。你有可能让自己在工作记忆任务上做得很好，但这样做，你可能会在其他方面变得更糟。"

她和其他研究人员对tDCS感兴趣的一个原因是，这种设备携带方便，价格相对便宜，只须几百美元。澳大利亚悉尼大学的物理学家艾伦·斯奈德（Allan Snyder）甚至将该设备称为一种"思维帽"。但是，低廉的成本和FDA批准用于治疗肌肉疼痛的类似器械已经上市，这些事实正引起奥尔森和她那些头脑清醒的学者的担忧。YouTube上已经开始出现一些视频，年轻人用自制的tDCS设备对自己的大脑做实验，就好像他们在竞争加入《蠢蛋搞怪秀》（*Jackass*）剧组一样。当像奥尔森这样的科学家应用这种技术时，要小心地将正极和负极电缆放置在他们想要改变的特定大脑区域的头骨上。

"如果你在后脑勺上放一个刺激器，"她说，"你可能会刺激你的脑干。你一定不想搞乱你的脑干。"

奥尔森已发表的研究表明，进行10天的tDCS可以提高对那些过气明星名字的记忆，比如20世纪60年代电视节目《梦见珍妮》（*I Dream of Jeannie*）中的芭芭拉·伊登（Barbara Eden），以及英国前首相托尼·布莱尔（Tony Blair）等政治家。她还证明，这可以提高语言工作记忆。在为期两周的10次工作记忆训练中，接受积极tDCS训练者取得的进步，是安慰剂组的两倍。安慰剂组一开始是通电的，但后来慢慢断电。

"我们的时间和精力都是有限的，"她告诉我，"如果你能在一半的时间里得到同样的收获，难道你会不想要吗？每个人都会想要。"

当我说，我希望接受tDCS治疗，把这作为我训练计划的一部分时，奥尔森说她需要经历大量的官僚程序才能让大学允许她治疗我。"我们有很多限制。"她说。但是，她补充说："我不担心让我的亲戚做这件事。我丈夫昨天晚上告诉我，如果我们的研究继续发现会带来收益，他想要参加我们的研究，因为他觉得记忆力越来越差。"

我解释说，我想把tDCS添加到一项训练计划中，这里面包括体育锻炼、N-back训练、冥想以及其他干预方法。

"这很巧妙，"她说，"我们在实验室里讨论过做类似这样的研究。我们说，为什么不做这项大型的研究呢，把我们所知道的每一种干预方法结合到一起，进而提高认知能力，看看会产生什么额外的效果。"

她认为这会产生怎样的效果？

"事实上，没人知道，"奥尔森说，"如果有人告诉你他们知道，他们就是在胡说。"

我将tDCS添加到我的清单中。

这就是我找到的七项活动和治疗方法中的最后一项。我找到了可靠的科学证据，证明它们可以提高流体智力。其他几项是

N-back、Lumosity、体育锻炼、正念冥想、学习一种乐器，以及使用尼古丁贴片。但是，现在我有别的事情要考虑：如何在日常生活中，真正把这些方法付诸实践。

第六章 我的大脑训练营

我发现，提高一个人的认知能力，在很大程度上仍然需要自己动手。你不能直接去汽车餐厅点一份超大号的大脑打包带走。

在我的训练方案中，我选择了两个活动——N-back和Lumosity，它们看起来足够简单。马丁·博史库尔在我的电脑上安装了双重N-back游戏程序，而Lumosity只需上网，输入信用卡号码，然后按照指令操作就可以了。但如何开始体育锻炼，练习冥想，或者学习一种乐器呢？仅仅是弄清楚这些事情，就已经对我的认知形成挑战。

从大学时期开始，我就声称自己是一个经常慢跑的人，在30多岁的时候这种说法基本是正确的。然而，在我40多岁的时候，每周三次、每次30分钟的4.5千米例行慢跑，变成了偶尔有空的30分钟、3.3千米闲逛。与此同时，我身高1.75米的身躯承受了75公斤的体重，并以每年大约0.5公斤的速度增加。现在我就站在90公斤大关边缘，感到很可怕，担心我会像小行星坠入黑洞一样一直滑下去。在这个过程中，我反复走进和退出各种健身房;有几个夏天加入了一支当地的垒球队(并且比团队的任何成员表现还要稍微好一点,他们把功劳归功于我);买了两三辆自行车,看着它们生锈;买了一台固定式健身自行车,我骑上去的时候它会摇摇晃晃;参加了一场10公里比赛,我跑到差点累死,却只比别人肥胖的祖母快了一点。

我的问题在于,我讨厌例行公事。我是随心所欲先生。如果你看过《十一罗汉》(*Ocean's Eleven*),你可能会想起那个场景,马特·达蒙(Matt Damon)告诉布拉德·皮特(Brad Pitt),由安迪·加西亚(Andy Garcia)饰演的赌场老板是个"机器"。因为他每天下午两点准时到达贝拉吉奥大酒店,在办公室工作到晚上七点整,在去赌场大厅的路上,花三分钟的时间和他的经理交谈,问候豪赌客,然后在19:30离开去和茱莉亚·罗伯茨(Julia Roberts)吃晚饭。哦,那可不是我。我从不在同一个时间醒来,也不在同一个时间吃饭,我从未见过茱莉亚·罗伯茨,我遵循着一种极其扭曲的内在生物钟,它只对我起作用,对其他人都没有意义。多年以来,它对我一直很有效,我非常感谢它,但现在不行了。

所以,我开始审视自己的灵魂,正视一个不可避免的事实:我将不得不参加疯狂的、超越极限的"训练营"健身课程。我的妻子爱丽丝过去四年一直在参加"加速效能健身"课程,这是由我们的邻居帕特西·曼宁组织的。

想象一下这个娇小、快乐的女人,你会误以为她就是个普通人，除非看到她的二头肌。哇！爱丽丝和我都很喜欢帕特西和她的运动狂丈夫安迪。他们是我们认识的最友好、最有趣、最乐观的两个人。他们有两个可爱的孩子，他们似乎总是在外面的草坪上扔垒球、踢足球、玩游戏、大声笑、玩得很开心。我一直很羡慕他们，对他们全家都很敬佩，但我知道我永远不可能像他们一样。他们投入健身的方式，就像我从六年级开始练习写作和阅读一样。你需要了解的是，帕特西每周一、三、五早上的5:15和9:30，都要带领大家参加她的"新兵训练营"健身课程，之后的很多天，她会和拳击教练一起继续自己的锻炼计划，然后她还会踢足球。此外，她自己每年还要为了参加"泥浆跑"和"城市酷跑赛"而特训几次。在这两个项目中，她和安迪参加的超越障碍赛，足以让一名海豹突击队员精疲力尽，而他们看起来做得很好。

　　有一次，我到公园看爱丽丝参与帕特西的训练营，这看起来比我想象的还要糟糕：跑步和跳跃，在体育场台阶上爬上爬下一个半小时，举重，做仰卧起坐，然后围绕着田径场全速跑半个小时。如果不是有独裁者强迫，为什么有人愿意做这些事情呢？

　　但现在我需要加入这个狂热的团体。如果我真的要每周锻炼三次，像研究的参与者那样，把阿瑟·克莱默倡导的心血管训练和特雷莎·刘-安布罗斯倡导的强化肌肉耐力训练结合起来，那么帕特西的"新兵训练营"还是个不错的选择。

　　2012年9月的一个深夜，帕特西让我在蒙特克莱尔的布鲁克代尔公园和她见面，教我在课堂上要例行做的一对一动作。首先，她让我绕着400米的跑道"轻松"跑一圈。"轻松"的热身活动，还包括跳跃千斤顶、原地高抬腿以及一些弓步和伸展。我汗流浃背，呼吸困难，但这才刚刚开始。她带我来到体育场的旧水泥台阶前，这里可以俯瞰跑道。

"通常，我们会先在台阶上做几组简单的折返跑，"帕特西告诉我，"然后再全力跑三次，以最快的速度在台阶上跑。然后我们沿着台阶做侧跳步，先面向左边，再面向右边。接下来我们快速跑：上两个台阶，下一个台阶，上两个台阶，下一个台阶，上两个台阶，直到到达顶端。你想试试吗？"

"其实不太想，"我说，"但不管怎么样，我会试一下。"

我在台阶上跑上跑下，气喘吁吁，汗流浃背，但我还是试了试侧跳步和快速跑。

"你做得很棒。"帕特西说。

"我并没有。"我说。

"不要对自己太苛刻，"她说，"你看起来很棒。"

"你肯定是脑子不清醒了。"

接下来，我把手放在台阶底部沉重的铁栏杆上，脚放在第二个台阶上，做了15个坡度俯卧撑。然后，我转过身，双手放在栏杆上，做了15次屈伸（脸朝上，屁股着地）。最后，她让我把腿和胳膊松弛地绕在栏杆上，然后紧紧地向上拉15下，就像猴子在树枝上玩耍。

"好了，我们去田径场吧。"

帕特西拿出两个橙色的圆锥，二者相距约 40 米，让我在其中跑来跑去。首先是正常跑步，然后是倒着跑，接着我需要跳跃（我上一次跳跃是在大约九岁的时候，那时似乎容易多了），最后，我必须跳、跳、跳过田径场。

"哦，我的上帝，"我说着，弯下腰来，双手顶在膝盖上，肺在挣扎着喘气，"我真的需要重新考虑这件事。"

"为什么？"

"说真的，你觉得我准备好了吗？"我问她。

"当然，你做得很好。"

她让我想起了《土拨鼠之日》（Groundhog Day）中的一幕，比尔·默瑞对安迪·麦克道威尔说："天哪，你真是个乐观的女人！"

"但你真的做得很好，"她坚持说，"每个人在开始的时候都会有困难。这需要一个过程。"

接下来，她教我如何做一个被称为"卡拉ok"的侧剪动作。你的左脚交叉在右脚前；右脚向右迈得更远；左脚交叉在右脚后面；右脚再向右迈得更远；如此反复。我慢慢地做，感觉就要绊倒自己。

然后，有一个想法突然出现在我的脑海里：我不适合这种体育锻炼，就像有些人不适合认知锻炼一样。我觉得自己像个十足的笨蛋，就像有些人读《白鲸》（Moby-Dick）时，会觉得自己格格不入一样。

"你带重量器械了吗?"帕特西问。

我没有带。于是,她借给我两个4.5千克重的哑铃,然后示范了一系列不同姿势的举臂动作。又过了10分钟,到了做伸展运动的时候了。汗水刺痛了我的眼睛,我跟在后面,几乎无法把腿交叉,做出基本的瑜伽冥想动作。

"那么你希望从这种运动中得到什么?"一切都结束了,帕特西问道,"你认为你的智商会提高吗?"

"更准确地说是我的流体智力。"我说着,给了她一个32秒的解释版本,说明什么是流体智力以及它与普通智商的区别。

"并且,你打算只训练三个月?为什么只是三个月?"

"这比大多数训练研究持续的时间长三倍,"我说,"再加上,我把各种东西结合起来。我想,如果训练需要做出一些巨大的生活改变,还要持续一年或更长时间,那么就不会有人愿意这样做。我想让训练变得合理和现实。"

"但如果你的流体智力真的提高了,你怎么知道你所做的所有事情中,哪一件真正发挥了最大的作用呢?"

"我觉得这并不重要。我并没有把它作为一项科学研究,来判断哪一部分是最有效的。智力是可以被提高的,这仍然是一个非常新颖的想法,我只是想看看这有没有可能,所以我不妨试一试。如果没有任何效果,那将是难以置信的诅咒。"

我们来到停车场找到了各自的汽车。帕特西打开她的厢式货车，把装着设备的袋子放进后备箱。然后她问了一个问题，包括我的编辑和经纪人在内的所有人都问过这个问题。

"但如果它不起作用呢？"

"嗯，那倒是很有意思，"我说，"就像我说的，这不是科学研究。我只是一个人。但是经过三个月的训练，我几乎不可能不变得更强壮、更健康，对吧？因此，如果流体智力真的提高了，那么三个月的各种锻炼也不可能没有带来任何改善。让我们拭目以待吧。"

在我 13 岁生日的时候，父亲给我买了一把便宜的、二手的、声音失准的吉他，从那以后我一直弹吉他。在大学里，我组建了一支朋克乐队，叫作"突变"。（我们的三首最精选的曲目是"我恨你""我想要你的身体"和"触电而死"。）但是直到我大四之前的那个暑假，我花了六个星期在一个海外工作项目上——为伦敦的一个图书馆的书籍粘贴标签，音乐幻想的种子才被种植在我的大脑里。

那年夏天，我之前结交的一个朋友邀请我去他家的乡间别墅度周末。周末的某个时候，我们去了附近的他叔叔家。当我们走进去的时候，一名秃顶的中年男子——我朋友的叔叔——坐在一把木椅上，弹奏着一把畸形的、粗短的古典吉他。它的音板形状像一滴泪珠而不是一个女人的身体，后面圆圆的，像个西瓜；它的音孔上覆盖着复杂的中世纪风格的雕刻；它的调音栓安装在一块木头上，从指板向后倾斜了90°。它古老而神秘，发出的音乐不同于我以前听过的任何音乐，有着深沉、萦绕以及毁灭性的美丽。

于是，我开始了解文艺复兴时期的鲁特琴。就像两个人在酒吧里相遇，刹那间意识到找到了一生的挚爱，所以我知道：当我像这个家伙一样又老又秃的时候，我要给我找一个鲁特琴弹奏。或许，我身边还会有一杯雪利酒，一位心仪的姑娘，壁炉里噼啪作响的炉火，以及两只睡在我脚下的年迈的英国牧羊犬。

这种想象，就像一只蝉，在我的脑海深处蛰伏了几十年。当我的头发就像在为实现这种想象让路时，我终于看到了格伦·谢伦伯格关于音乐训练和智力的研究，我知道：我的鲁特琴时刻已经来临。

但是，到底从哪里可以买到鲁特琴并找到教授鲁特琴课程的老师呢？从上次我在英国乡下见到朋友的叔叔以后，就再没见过这样的人了。吉他中心不卖鲁特琴。我搜索了 craigslist 和 eBay 网站，发现只有少量在大纽约区出售，都是手工制作的，没有一个价格低于 1800 美元，大多数都在 3000 美元以上。我不打算做出那么大的改变，所以我开始寻找鲁特琴教练，并且希望能租一把琴。鲁特琴学会的一个网站上列出了欧洲、南美、北美和日本的教师，但只有两位在纽约市，曼哈顿只有一位。我给曼哈顿的老师迈克尔·卡尔弗特（Michael Calvert）发了一封电子邮件。他来自英国，曾在欧洲和南美巡回演出，演奏鲁特琴和古典吉他，多年来一直在教书。在我给他发了电子邮件后，我和他通了电话，他同意帮我问问在纽约认识的人中是否有谁愿意租一把鲁特琴给我。两周后，他说他没有找到。

后来，我在craigslist上看到一则445美元的鲁特琴广告，是一位名叫特丽萨的女士发布的，她住在宾夕法尼亚州的一个荷兰乡村，离我家有几个小时的车程。这一切似乎都有点可疑，价格低得令人难以置信，但迈克尔·卡尔弗特说，他知道有一家巴基斯坦公司生产她的那种琴，通常新品的售价在900美元左右，是新手的最佳选择。他看了特丽萨发出的鲁特琴的图片，说看起来不错。因此，在9月一个下雨的下午，我驱车前往宾夕法尼亚州的伯特利，在一个叫瓦莱罗的加油站见到了特丽萨。

特丽萨坐在加油站小吃部的桌子上，她曾是一名难民，是曼哈顿音乐界早期的一名歌手兼乐器演奏家。她遇到了一个门诺派男子，跟着他去宾夕法尼亚州结婚生子。现在，她分手了，想念曼哈顿，试图重建自己的生活，希望能卸下不再弹奏的鲁特琴的负担。她打开了箱子。虽然我对鲁特琴一窍不通，但它看起来简直太美了。拨动琴弦发出的声音，和我多年前听到的一样。她扔过来一本说明书、一组琴弦和一个调音器。与其他交易场景一样，我给了她445美元现金，然后就回家了。

在等待我的第一堂鲁特琴课程的时间里,我想找人来指导我练习正念冥想。当我20多岁的时候,在一个星期天的下午,我去了芝加哥的一座禅寺,想看看禅修到底是怎么回事。大约有10个人盘腿坐在冰冷的石头地板上,沉默不语,一个穿着宽松的黑色和服的人在我们中间慢慢地走着。大约一个小时后,我开始点头,这时感到有人重重地拍了一下我的头。那个穿和服的家伙站在我旁边,手里拿着一根像尺子一样平的木棍。他严肃地看着我,继续往前走。我后来才知道,这实际上是一种标准的禅修,至少在某些地区是这样,目的是让禅修者保持冥想。但这对我来说不过如此。我离开了。

现在,我要上网去看看,在我所在的新泽西地区有什么样的正念冥想课程。因为蒙特克莱尔是一座自由主义的堡垒,到处都是艺术家、演员、记者和电影制片人,我以为会很容易找到。但我发现,这些课程往往与其他新时代的追求混在一起,比如瑜伽、"天使与治疗"(angels and healing),或健康系列讲座。我只是想要一种单纯的正念冥想,不掺杂任何一种混合思绪。当地基督教青年会在周二晚上开设了一门冥想课,但并不是专注于"正念"的冥想。

最后,我决定订购一张由乔恩·卡巴金(Jon Kabat-Zinn)制作的冥想指导CD。他是冥想练习的长期倡导者、马萨诸塞大学医学院减压诊所的创始人和前主任，也是畅销书《全灾难人生》(*Full Catastrophe Living*)的作者。用一张CD来代替课程或私人教师，感觉就像是在逃避现实，但考虑到我正在测试许多方法，这是必须的。

于是，我整理出来了自己的训练计划，包括尼古丁贴片。2012年10月，在圣路易斯，功能性磁共振成像扫描了我的大脑。在我从圣路易斯坐飞机回家的途中，我拿出一支铅笔和一本黄色便笺簿，写下了我的训练计划。我会在早上六点起床，而不是通常的八点，花20分钟在N-back上，20分钟在Lumosity上，20分钟在冥想上。帕特西的训练营课程需要一小时。然后我会冲个澡，开车进城去上鲁特琴课。新兵训练营一周只有三项，鲁特琴课一周只有一次。另外，我每天还要花些时间在家练习鲁特琴。然而，大多数时候我的实际训练时间只有两三个小时。似乎很合理。不，它看起来很棒。多么美妙的一次冒险啊！我兴奋不已，终于可以开始我伟大的大脑训练计划了。

然后，闹钟在早上六点响了。

在10月份一天的日出之前，我在黑暗中猛击着那可恶的东西，想把它关掉。两个小时后，我醒了过来，像往常一样，花上一个小时喝咖啡、看报纸，然后完全清醒过来。该上车开往布鲁克代尔公园上我 9:30 的训练营课程了。但在此之前，我撕开了装着七毫克尼古丁贴片的铝箔包装袋。我在 CVS 的柜台买了一盒，里面有 14 个贴片。CVS 品牌的尼古丁贴片，售价在 38 美元左右。我把 2.5 厘米宽的圆形贴片贴在胳膊上，刚好在肩膀下面，然后出门了。

帕特西的随行队伍大约有 15 人。大多数人看起来三四十岁。我们当中只有三位是男性，这对我来说已经足够了。在跑道上奔跑热身时，我是最后到达终点的几个人之一。跳跃千斤顶、原地高抬腿和弓步时，我一度感到胃部不适，但一切都挺过去了。在台阶上，我摇摇晃晃地上上下下，次数大约是其他人的一半。在球场上，她让我们做一系列的训练：躺在地上，做仰卧起坐，像扔篮球一样跳到空中，然后再回到地上做仰卧起坐，重复 15 次。第三次我试着站起来，我的头晕了，我看到了星星。我跪着歇了一会儿，喘着粗气。

"跟上节奏！"帕特西热情地喊道。

"去你的。"我旁边的一个人发出嘘声。埃里克是小组里最聪明的人。感谢上帝，埃里克。

接下来又持续了半个小时。我回到家，洗了个澡，瘫倒在沙发上直到下午一点。然后就到了需要开车进城上鲁特琴课程的时间。

迈克尔·卡尔弗特授课的公寓楼在西99街，我从电梯里走出来，听到走廊对面的一扇门里传来一段有难度的钢琴曲。我转过拐角，来到迈克尔家，听到远处又有一架钢琴在演奏。

迈克尔打开了门，做了一个动作，像鞠躬一样。他的英国口音、浓密的山羊胡和垂在耳朵上的稀疏头发，让我感觉似乎他是从莎士比亚戏剧中走出来的。他把我迎进起居室，里面摆着一架大钢琴。他解释说，他的妻子也是一名音乐教师。

"这栋楼里的每个人都是音乐家吗？"我开玩笑说。

"实际上，多年来，这栋楼的物业管理部门一直青睐音乐人，"他说，"这很不同寻常。我知道所有邻居的练习时间表。如果他们不弹奏，就像时钟坏了一样。"

我打开琴盒，他仔细地看了看。

"它看起来状态很好。"他一边说着，一边开始调音。我的鲁特琴有七组成对的琴弦（或他们所称的"跑道"），还有最高音高的一根。总共有15根琴弦，而不是吉他上的六根，每根琴弦都是用一个简单的木栓在一个孔里调音，而不像吉他那样使用机械调音键。因此，木栓很容易在调音孔里松动。

迈克尔说："文艺复兴时期有一个古老的笑话，说如果一个鲁特琴演奏家活到100岁，他会用50年的时间来调音。"

调了20分钟音后，他把乐器递给我。因为它的背部圆润，没有吉他那样纤细的腰身，它总想从我的腿上滑下来。他拿出一块本是空调过滤网的薄海绵，让我垫在大腿上。鲁特琴这时依偎在上面，一动不动。然后他指着地板，那里有一个金属脚凳，让我把脚放在上面。现在，鲁特琴真正地在我的膝上安静下来。

接下来，他把重点放在指导我手应该放的位置上，我在吉他上的经验被证明是一个障碍。我从来都不是一个用手指拨弦的民谣风格的演奏者，我通常用一个拨片拨弄所有的弦，或者在独奏的时候单独拨动每一根弦。现在，迈克尔教我把右手小拇指放在琴弦下方的鲁特琴面上，使我的手保持稳定，然后让其余的手指优雅地悬停在琴弦上。这时，四根手指中的每一根都将用来拨动琴弦。这让人感到陌生和尴尬，但他坚持认为，正确的手部姿势对学习这种乐器至关重要。

我使用左手的习惯更是一个障碍。我总是用大拇指夹着吉他的琴颈。但鲁特琴的指板比吉他的要宽很多，琴弦也多出两倍，我现在应该只轻轻地用大拇指尖夹住琴颈，这样其他四个手指可以自由地覆盖整个指板。这又一次让我显得异常笨拙，但我已经尽力了。

现在他把鲁特琴里带的指导手册放在乐谱架上，让我弹第一组练习，每根琴弦都是按顺序演奏的，从高到低依次是：三根弦，放开，三根弦，放开，三根弦，放开。要让我的十根手指各安其位是不可能的，它们就像十个饥饿的幼儿在排练芭蕾舞一样。仅仅是了解每根弦和其他弦的关系，以便弹奏一个稳定的节奏，都需要花费很多时间。

　　一小时后，迈克尔给我推荐了一本更应该买的更好的指导书，以及波士顿一个手工制作鲁特琴琴弦的人的姓名和电话号码，这样我就可以订购一套新的。

　　回到家，我坐下来使用马丁·博史库尔安装在我笔记本电脑上的N-back程序。我点击了它，但程序无法加载。再次点击，仍然什么反应都没有。上网搜索N-back，我发现一个名为"沉浸你的大脑"（www.soakyourhead.com）的网站提供了一个免费版的双重N-back版本，于是点击进入游戏，从2-back开始。

　　一个女人的声音缓缓地念着一排20个字母。这个序列中只包含了七个不同的字母：m、q、f、g、l、r和s。但是它们的顺序是随机的，每当一个字母重复出现两次，我就必须敲击键盘上的字母L。与此同时，当我在一个3×3的网格中观察八个方块时（中间的网格是空的），我还必须在方块出现在两次前同一个位置时按S键。

　　20个项目的序列结束后，屏幕显示了我在2-back练习中正确识别出的字母和视觉网格的次数：20个音频中的16个和20个视觉中的17个。当我在2-back上的准确率至少达到90%时，游戏要求我开始3-back训练。如果准确率低于80%，我的游戏等级就会下降。在80%到90%之间，我会保持在目前的等级。这个游戏进行了20次——每次都有20个字母。在我的第4次和第12次训练中，我的得分足够好，提升到3-back，但随后得分都不高，又降级到2-back。

所有这一切，总共花了半小时多一点。当我查看完电子邮件、打了几个电话后，已经到了晚饭时间。然后爱丽丝和我要去看帕特西新兵训练营的一个成员的艺术展。Lumosity和冥想不得不推迟了。但仅仅一天之后，我就对这三种不同活动的三个共同点印象深刻。

首先，这三件事我都做得很糟。这是一个很严肃的问题。虽然孩子们经常被老师和生活逼着去做不擅长的事情，但人到中年，我们中的许多人已经发现了自己的长处和短处，并习惯了坚持做自己最擅长的事情。我们找到了自己擅长的工作；我们和喜欢的人在一起，他们也喜欢我们的陪伴；我们把多年来一直坚持的事情培养成爱好。正如迈克尔·梅泽尼奇所言，我们不再能够让自己的思维处于能力的最前沿；我们只使用已掌握的技能。所以，无论如何，对我来说，做N-back，参加帕特西的新兵训练营，上鲁特琴课，就像在新年那天跳进海里一样。做一些你不擅长的事情，是变得更聪明的一个重要因素吗？

其次，这些活动都让人感觉几乎无法实现。这不仅是因为我不擅长，而且即便是想浅尝辄止，都极其困难。在这三种活动中，我突然感到自己已经力不从心了。我的脑子里一直在说，

"这太疯狂了""我不能这么做",但我还是坚持了下来。精神上的血、汗、泪能成为认知成长的一部分吗?

最后,这些活动不仅要求我同时关注多重信息,而且要求我做出多重响应。无论是操控所有手指弹琴,还是在 N-back 中边听朗读的字母,边看点亮的方块,或是使我的左右脚协调地在破碎的水泥台阶上上下移动,同时还听着埃里克在帕特西的加油声中低声咒骂。

第二天早上,我五次进入 3-back,但还是跟以前一样,每一次得分都很低,结果又被踢回 2-back。

然后,我登录到 Lumosity,输入信用卡信息,建立一个账户,开始玩屏幕上显示的"今日训练课"的五款游戏。首先是"玩锦鲤",我需要跟踪每一条在池塘里游泳的锦鲤,因为它们的数量在增长。然后是"迁徙迷失":五只鸟排成队形飞行,我必须尽快按下正确的键,以显示中间那只鸟朝向左边、右边、上面还是下面。"黑板挑战"显示两个方程:我的目标是尽可能快速地判断左边更大,右边更大,还是两者相等。"遵守规则":出现一系列不同性质的符号——颜色、大小、形状等——我必须弄清楚当前的规则是如何包含或排除每个符号的;有时只接受绿色符号,有时则只接受黑色粗线条符号。最后,"面部记忆训练"

提供了这样一个场景：我在一家餐厅接受顾客的订单，必须记住他们的名字和他们点了什么。

完成后，我收到了我在速度、解决问题能力、灵活性、注意力和记忆力方面的初始分数，还有一个总分。点击一个方框，我可以看到我与同年龄段其他人得分的对比。我的总分处在用户得分的后43%，这意味着在我这个年龄段的Lumosity用户中，有超过57%的人得分高于我。我心乱如麻：尴尬、烦恼、怀疑、对自己愤怒，还有一件事。正如美国前总统乔治·赫伯特·沃克·布什（George Herbert Walker Bush）在1990年伊拉克入侵科威特时所言："这种情况不会持续下去。"

但在我想释放我的愤怒、给我的对手带来痛苦和毁灭之前，到冥想的时间了。

在空闲的卧室里，我打开了乔恩·卡巴金的三张教学光盘中的第一张。他的声音多么平静，多么抚慰人心啊。我跟着他的指令，仰面躺下。我没有瑜伽垫，地板上只有一块小地毯，所以我就躺在硬木地板上。但是房间很小，所以我不得不向前挪，以免我的头碰到沙发或者我的脚碰到音乐控制台。

卡巴金在录音中说，这样做并不是为了放松或平静，而是为了集中注意力，不需要任何判断。我的任何想法或感觉都很好，但我应该只注意到它们然后放手，不能抓住它们不放。但他强调说，无论我如何执行指示，都没有错。与我的训练计划的其他项目不同，正念冥想不需要任何努力。觉知，有的；努力，没有。

然后，卡巴金开始把我的注意力转移到身体的各个部位，从左脚的大脚趾一直到头顶。非常放松。尽管我一直在思考，要给哪些研究人员打电话，需要参加哪些会议，需要阅读哪些研究，但我也一直在让这些想法消散。当它们退去后，当我放下与 N-back、Lumosity 以及其他所有事物斗争的想法后，我进入了一种不寻常的状态，观察我自己的观察，意识我自己的意识。更进一步，当卡巴金的声音在我耳边响起时，我意识到我不仅在观察自己，观察自己的思想、感受和感觉，而且在这样做的时候，我也在观察自己如何观察自己。

多么神奇的事情：三重意识。

在接下来的几天和几周里，我在健身训练营、Lumosity、N-back 和鲁特琴上的进步虽然缓慢但稳定。我的 Lumosity 分数迅速跃升至用户得分的前 40% 并继续攀升。健身训练营的感觉一直都很糟糕，但我的脚步加快了，恶心和头晕眼花的感觉也减轻了，有时我几乎能赶上怀孕四个月的萨拉和刚刚满 60 岁的凯茜。鲁特琴方面，我学会了弹奏早期文艺复兴时期的作品，这首曲子写满了一整页乐谱，即使迈克尔一直在强调，更重要的是把每个段落弹正确，无论速度多么缓慢，都要按照精确的指法，而不是向前冲：准确性是重中之重。这与我在吉他上的玩法很不一样，当时我弹的都是十几岁时学的歌。我现在练习的技巧不仅仅是演奏鲁特琴，还要保持自己的专注力。

我的思想就是工具。

在N-back方面，短短几天时间，2-back就神奇地变得更容易了，我很快就能经常到3-back了。我的竞争本能爆发了，我开始大喊大叫，让自己在20次训练中振奋起来。如果你想笑就笑吧，但我真的开始模仿牧师的声音了。"伸手去触摸天堂！现在就去，丹尼尔兄弟！"当我最终连续几次成功并保持在3-back时——还有一次都进阶到4-back了——我大声喊道："我已经登上了山顶！"但进步是断断续续的。有时，我的注意力不集中，表现也会变差。到目前为止，最大的障碍就是让自己坐下来做清单上所有的事情。多年来，我一直在抵制做规律性的事情，有些到现在都无法完全适应。这当然意味着我经常在晚上11点时还没有完成Lumosity或N-back练习。但当我坚持完成，并在晚饭后花了一个小时练习鲁特琴时，一个想法突然出现在我的脑海：这难道不是聪明人的做法吗？也许井井有条的生活与条理清晰的头脑密不可分。那么，如果这是真的，为什么有那么多杰出的艺术家、作家和发明家，会因古怪的生活方式而出名呢？

不管答案是什么，我设计的大脑训练方案里的一个失败项目就是正念冥想。在几周的时间里，我这样做了七次。我很享受它与我的其他活动和余生形成了鲜明的对比。这项活动让人感觉很纯粹。我真的很想继续做下去。但问题是，我有太多的采访要做，太多的会议要参加，太多的论文要读，太多的人要见。我严重低估了参与其他活动的时间。Lumosity几乎每天要花一个半小时；N-back，大约40分钟；鲁特琴练习，又是40分钟，再加上每周开车往返纽约学习课程的两个半小时；每周一、三、五上午两个小时的健身训练时间。更不用说我有妻子和一个女儿，她们或者想看到我，或者听收音机或看电视，或者敲我办公室的门问一个问题，或者冲着楼上大声告诉我晚饭做好了。作恶的人！正念冥想似乎是更适合单身汉的活动，或者一个有更大房子的人，这样就可以把忙碌生活中的噪声和要求放在一边。我极不情愿地把它踢出我正在行驶的汽车，继续往前开。

但等一等。靠边停车。我想要提高的流体智力是什么？从生物学角度来说，大脑的齿轮和杠杆在哪里？为什么大自然给了人类这么多充裕的时间呢？

第七章 你比老鼠更聪明吗

想想常见的细菌**大肠杆菌**。它只有一个细胞，注定要在温血动物的下消化道和粪便中生存和死亡，既没有大脑也没有神经系统。然而，自然为它提供了实施智力行为的手段——的确，它有一种记忆。它靠近营养，远离毒素，在大约两秒钟的时间内，追踪到当下环境是不是变得更适宜生存。怎么会这样呢？

智能搜索——搜寻和探索的必要组成——不仅是《星际迷航》(*Star Trek*)或人类精神的基础，也是地球上大多数生命的基础。非随机搜索（智能搜索）是所有能够运动的生物面临的简单、伟大、基本和深刻的挑战。甚至连树根也（缓慢地）向水源移动；各种各样的生物，无论微小还是巨大，都知道向食物和水源移动，远离危险，向合适的温度、合适的湿度和光线、合适的性伴侣移动。真正让人兴奋的是，生物搜索周围环境的方式，与我们搜索大脑记忆和推理的进化基础极为相似。

当我通过Skype与英国考文垂华威大学的心理学家托马斯·F.希尔斯（Thomas F. Hills）沟通时，这样说道："基本的想法是，你头脑中的风景与身边的三维世界并没有太大的不同，我们在头脑中搜索，就像苍蝇在桌子上搜寻糖一样。"

希尔斯是麻省理工学院出版社2012年出版的《认知搜索：进化、算法和大脑》（*Cognitive Search: Evolution, algorithm, and the Brain*）一书的联合主编。他在对秀丽隐杆线虫（*Caenorhabditis elegans*）进行基础研究时，对搜索的进化基础有了顿悟。

"我把这一切都归功于那条小虫子，"希尔斯说，"事实证明，它们的搜索机理与你的一样。蠕虫的神经元和人类的神经元都在从事同样的基本任务。这被称为最优搜索问题：你必须知道什么时候探索？什么时候开发利用？"

如果我们生活在一个所有资源都均匀分布的宇宙中——等量的糖、水、黄金、工作、好主意和漂亮的性伴侣——那么我们可以在没有任何策略的情况下随机搜索，我们会做得一样好。无论是你留在博伊西，还是搬到好莱坞，遇到莱昂纳多·迪卡普里奥（Leonardo DiCaprio）的可能性一样。但我们肯定不是生活在这样的世界里。在我们的宇宙中，资源以整块或成片的形式出现。有些地方，就是要优于其他地方。

在一个资源不均衡的世界里，有些地区很富裕，有些地区很贫穷，在这种情况下，生物们进行捕猎不得不采用的逻辑策略，也叫作限域搜索（area-restricted search）。正如希尔斯所写，限域搜索指的是"个体将搜索范围限制在近期发现资源的区域，然后再转向更广泛的全局探索的能力"。

这种单细胞大肠杆菌使用一种名为"奔跑-翻滚"的策略进行限域搜索。当它在肠道内漂浮时，如果遇到的食物越来越多，就会逆时针移动微小的鞭毛和鞭状螺旋桨，这使它直接向食物密度更高的地方"奔跑"。当细菌向前移动时发现食物量开始下降，比如比两秒钟前低，鞭毛就会改变方向，顺时针移动。鞭毛特有的形状，导致大肠杆菌细胞随机"翻滚"。

对于秀丽隐杆线虫来说，限域搜索意味着当它发现喜欢的东西时，它会放慢速度并自旋，以便尽可能密集地搜索附近的区域，前提是附近有更多相同的区域。当它找不到好东西时就停止转动，这样它的搜索就变得不那么密集而是更广泛，前提是任何别的地方都比这里好。

"我花了这么多年的时间研究这些小家伙的移动方式，思考限域搜索，"他告诉我，"然后我突然想到：我们也在头脑中进行限域搜索，就像秀丽隐杆线虫在空间里进行限域搜索一样。游览内部空间，就和游览外部空间一样，你必须知道什么时候放弃。"

我请他给我举个例子。

"如果我让你列出你能想到的所有动物，"他说，"你可以从列举宠物开始，比如狗和猫。之后你就会放弃这种类别，转向另一种，比如农场动物，你会列出牛、猪、羊，直到说完为止。接下来你会去思考非洲：长颈鹿、狮子、猿类。然后是海洋：鲸鱼、鲨鱼、金枪鱼。你搜索一个区域，直到里面的内容开始变少，然后你就切换。"

然而，无论是对于虫子还是大脑，真正的问题是什么时候该奔跑，什么时候该翻滚。也就是说，什么时候该沉迷在一个小区域里，什么时候该跳来跳去。

"过犹不及，有两种错误，"他告诉我，"你可能会太早放弃，也可能会停留太久。多动症患者在目标之间跳得太快了。上瘾的人会坚守在一个特定的区域。他们一直想着香烟，香烟，香烟。"

希尔斯说："即使没有这些极端情况，我们每天也都会面临这些问题。我必须决定提交一篇论文之前，要编辑多长时间。我必须决定从事哪个研究项目以及从事多长时间。甚至在百货公司也会发生这种情况：在我准备去另一家商店之前，要花多长时间在这家商店为妻子找礼物？这有些疯狂了。我们所做的就是限域搜索"。

希尔斯从生物学角度发现，与人类前额叶皮层一样，多巴胺在秀丽隐杆线虫锁定目标或偏离目标的能力中发挥着关键作用。当蠕虫的多巴胺感知神经元被药物破坏或阻断时，它就无法进行限域搜索；即使附近有食物供应，它仍在进行广泛的搜寻。当它感知多巴胺的能力恢复后，它恢复正常旋转，在有食物的狭小区域内进行密集搜索。当蠕虫的神经元被额外剂量的多巴胺刺激后，限域搜索的频度也随之增加。

多巴胺信号在人脑中发挥着奇怪的相似作用。例如，帕金森病患者的多巴胺水平较低，他们往往难以集中注意力和保持专注。然而，一旦他们接受左旋多巴，有时会沉迷于性和赌博。

"我控制蠕虫在周围较多或较少地进行搜寻的药物，与医生给病人治疗各种精神疾病的药物差不多，"希尔斯说，"帕金森病患者在专注方面有困难。他们经常徘徊在各种思想之间。所以你应该怎么做？给他们左旋多巴。另外，吸毒者的多巴胺机制过于活跃。如果你阻止这种机制，他们就会失去上瘾的倾向。"

在他的最新发现中，希尔斯发表了一项关于"动物流利度任务"的研究，要求人们在一分钟内尽可能多地说出动物的名字。在185名年龄在27～99岁之间的成年人中，他发现老年人在转换到另一个类别之前，花在每个逻辑类别（如丛林动物或农场动物）上的时间更少。结果，他们在规定的时间内说出的动物种类也较少。"他们太频繁地在脑海里跳来跳去，"他说，"他们放弃得太快了。"

也就是说，他们在本应该奔跑的时候翻滚了。

如果你想知道这些奔跑和翻滚与智力有什么关系，那么动物流利度测试和类似的快速列举测试的表现，恰好与工作记忆和流体智力密切相关。2013年发表在《记忆与认知》(*Memory and Cognition*)杂志上的一项研究发现，与工作记忆水平较低的人相比，工作记忆水平较高的人不仅能列出更多的动物，而且列出的类别更多，每个类别中列举的动物也更多。有趣的是，当研究人员向参与者提示一系列可能的类别时（他们可以自由地选择使用或忽略），工作记忆水平不同的人之间的差距显著缩小。而当研究人员更进一步，坚持让参与者根据提供的类别列举动物时，差距就完全消失了。

所以，并不是说"聪明"的人有"更好"的长期记忆；他们只是简单地生成更多的类别，并在尝试记忆的时候更努力地在各个类别中搜索。他们更善于在大脑的桌面上寻找糖块。

"他们在记忆力搜索方面更具有策略性，也更高效，"该研究的领导者，俄勒冈大学心理学家纳什·昂斯沃思（Nash Unsworth）说，"他们把任务分解成簇。"

昂斯沃思得出了类似的结论，不过是以一种更酷的方式。他和其他两位合作者一起——同样来自俄勒冈大学的格雷戈里·斯皮勒斯（Gregory Spillers）和亚利桑那州的吉恩·布鲁尔（Gene Brewer）——进行了一项关于人们记忆Facebook好友能力的研究。在测试了来自乔治亚大学的大约100名学生的工作记忆后，他们从得分前25%的学生当中选取了24名，从得分后25%的学生当中选取了21名。然后，他们给每个人八分钟，让他们列出尽可能多的Facebook好友。尽管两组学生在Facebook上的好友数量大致相同，但工作记忆水平高的学生组比工作记忆水平低的学生组记得更清楚：高的平均有81.9个好友，而低的只有66.5个。当昂斯沃思和同事要求参与者解释他们是如何认识每个人的的时候，高工作记忆组的参与者使用了更多的集群或类别——16.6个集群，而低工作记忆组的参与者使用了13.8个集群。

"工作记忆水平高的人，他们更有可能快速地搜索不同的背景信息，"昂斯沃思告诉我，"我的垒球队朋友？工作中的朋友？我的宿舍朋友？而工作记忆水平低的人，只是在随机搜索，希望可以记起更多人。这是搜索的一个策略。当我说策略的时候，我并不是说人们用来记忆一副牌的技巧。我认为这是它与记忆之间的根本性差别。"

昂斯沃思认为，工作记忆水平高的个体和低的个体之间的区别，不仅体现在有策略地搜索记忆，而且首先体现在仔细地创造记忆——如何编码记忆。"很多人失败的原因，"他说，"是他们不擅长编码。他们没有把记忆放在情境当中。记忆的真正关键是，无论你使用什么样的编码策略，你都必须使用相同的提取策略。"

虽然这种有意识的记忆方式似乎是人为的，但它让我想起了伯洛伊特学院的另一位好朋友，他有博士学位，现在威斯康星大学教历史。克里斯托弗·J.西默（Christopher J. Simer），所有认识他的人都知道他很聪明，他对历史事件的详尽记忆令人印象深刻。某个下午，当我跟他谈起本书的主题时，他向我透露，当他试图掌握特定的战争或历史时期的细节时，他会有意识地将姓名、日期、地点和事件放入上下文当中，把它们分解为树干、树枝、树梢。要想记住所有细节，他只需爬上同一棵树。

研究蠕虫和细菌并不能完全解释我们所有的认知能力。但是，从进化的角度来说，自然界如何从它们发展到我们？在与苏格兰爱丁堡大学的分子神经科学教授塞斯·格兰特（Seth Grant）交谈之前，我一直认为，进化只是用最微小的凿子——一个接一个的个体突变——来塑造我们的基因组。但格兰特解释说，在地球的历史上，至少发生过两次重大事件，它们对生物进化的影响，就像小行星撞击地球导致恐龙灭绝一样巨大。其中一次发生在五亿年前，一种原始海洋生物发生了能够想到的最剧烈的基因突变：它复制了来自双亲的两套完整的基因。

"某些类型的突变罕见，在历史上只发生过为数不多的几次，"格兰特告诉我，"值得注意的是，大约5.5亿年前，大规模的突变发生在一个拥有两套完整基因组的动物身上，它存活了下来，它的后代也拥有双倍的DNA。它的后代变成了脊椎动物。"

然后，同样的情况再次出现。"这个复制事件之后，又发生了另一个复制事件，"格兰特说，"二乘以二等于四。在这种原始脊椎动物体内产生了四套基因组。它造就了所有具有高级智力的物种。"

美丽的四组相同的基因，其中只有一组提供生物生长必需的功能，其余的都在自由、缓慢、随机地突变——在等待大自然与它们做游戏，如果你愿意这么理解的话——直到有一天，你瞧，这些奇怪的变异版本的基因中的一个，被证明是有用的。

"又过了1.5亿年，这些基因的多样性更丰富后，才开始变得有用，"格兰特说，"当动物在陆地上爬行时，从生物学角度上来看，这些基因已经变得非常复杂，这就解释了为什么脊椎动物是美丽、复杂的。"

在2012年12月发表在《自然神经科学》(Nature Neuroscience)杂志上的两项研究中，格兰特和他的同事研究了原始基因倍增的变异如何在复杂认知中发挥重要作用。为了测试老鼠的学习能力，格兰特使用了电脑触摸屏。当它们用鼻子触到正确答案时，就奖励它们一个食物颗粒，这样就测试了一个名为 *Dlg* 的基因的四个变体的独特作用。所有四种变体都编码了一个结构支架，将神经元之间的突触固定在适当的位置。格兰特发现，如果没有 *Dlg1*，也就是这些变异的祖先细胞，小鼠胚胎将无法存活；它对生命至关重要。如果没有 *Dlg4*，简单的操作条件——学习通过正强化或惩罚来增加或减少行为——就不会发生。*Dlg3* 是视觉的必要条件。在一项科学研究中，格兰特不仅测试了没有 *Dlg2* 功能副本的老鼠，还测试了四个天生有类似突变的人，这些人有精神分裂症。格兰特对这些人进行了一项类似于对老鼠进行的电脑触屏测试，发现他们也有类似的认知缺陷。在没有正常的 *Dlg2* 基因的情况下，受试者"在视觉辨别测试中，犯的错误明显多于对照组的健康受试者……差距主要体现在认知灵活性……视觉空间学习和记忆上"。他们在注意力持续方面表现也较差。他总结道:"结果显示,*Dlg2* 在复杂学习、灵活性和注意力方面的作用,已经持续了一亿多年。"

但不要害怕,与区区一只小鼠相比,人类智力的高贵和伟大即便从生理学上没有什么差别,也体现在排版印刷上:小鼠的基因家族拼写为 *Dlg*,最后两个字母是小写的(小写并没有什么特别的含义),但对于人类,科学的惯例是每个字母都要大写:*DLG*。

是的!要与小鼠们区别开来!

值得注意的是,目前还没有任何一种基因——包括 *DLG* 或其他基因——对智商的直接影响超过一个百分点。例如,2012 年发表在《自然遗传学》(*Nature Genetics*)上的一项广受关注的研究发现,*HMGA2* 基因的一种变体,可以让大脑体积平均增大约 0.5 个百分点,智商提高约 1.3%。尽管许多对家庭、双胞胎和被收养者的研究表明,亲生父母的智力约影响孩子智力的一半,但遗传学家早期希望能找到控制这种差异的少数基因的想法现在看来太天真了。也许基因就像字母表中的字母一样,必须组合成类似于单词、句子和段落的东西,才能拼出智力这种复杂的东西。

同样天真的假设是，动物大脑的大小与智力成正比。尼安德特人的大脑比现代人的要大，抹香鲸的大脑平均重约八千克，而一般人的大脑重约1.4千克。在天平的另一端，乌鸦、松鸦、其他鸦科动物的大脑平均重约0.01千克，但人们发现它们比包括狗在内的大多数哺乳动物更善于解决问题。即使是大脑重量不到半克的不起眼的老鼠，也有超出其体重等级的智力表现。

"现在，这些老鼠比我两岁的女儿还聪明，"多伦多儿童医院的资深科学家希娜·乔斯林（Sheena Josselyn）说，"如果老鼠能在你的厨房里生活一年而不被发现，它们就没那么笨了。问题是，老鼠和其他非人类的动物不会说话。对于像我这样的科学家来说，探索它们的记忆真的很难。但是你问正确的问题，它们会告诉你答案。它们会用鼻子戳我们准备好的触摸屏。它们能做的事情让我吃惊。"

还记得福克斯电视台的节目《你比五年级学生聪明吗？》（*Are You Smarter Than a 5th Grader?*）吗？2011年11月，在西雅图举行的美国实验心理学会（Psychonomic Society）年会上，报告了这种竞赛的终极极端版本的结果。吉恩·布鲁尔（Gene Brewer）是亚利桑那州的一名研究人员，曾参与前面我们提到的Facebook研究。布鲁尔是一篇题为"老鼠和人类的工作记忆"（Working Memory in Rats and human）的论文的第一作者。根据摘要，"动物研究人员用来测量啮齿动物工作记忆的典型工具是桡臂迷宫。我们构建了一个包含11臂的人类版的放射状迷宫，评估了迷宫能力、一般流体智力和工作记忆能力的个体差异"。摘要中的一个关键短语引起了我的注意："人类在迷宫中的行为与啮齿动物的行为是相似的。"

我问布鲁尔，研究是不是像我想的那样：他真的让人们在迷宫中与老鼠竞争，看起来几乎就是在与老鼠赛跑，结果发现人们并没有比老鼠做得更好？

正是如此。我恳求他，请让我也来跑迷宫。我们交谈时他很乐意，但后来他的合作者却不太情愿。我猜想，他们担心媒体可能会把这种"人pk老鼠"的智力竞赛描写得耸人听闻。

布鲁尔告诉我："我想这有点令人吃惊。但是，仅凭老鼠能和人类一样学习走迷宫，就推论说它们同我们有相似的认知能力，这可不是一个好主意。我们只是碰巧注意到志愿者在学习能力方面，与老鼠有一种特殊的相似性。要想真正回答不同物种是否具有相似的认知能力，需要做更多的工作。令人头疼的问题绝对是语言和符号思维。我们可以让人们口头描述他们完成一项任务所使用的策略，但是你不能让动物这样做。研究动物认知的困难之处在于，你只能观察它们的行为。"

尽管如此，布鲁尔还是很乐意解释这项研究是如何设计的。老鼠的放射状迷宫的通道一般只有几英尺宽，通道从中心向外发散，就像摩天轮的轮辐。将食物放在每条通道的末端，然后对老鼠进行测试，看它们能否在不重复的情况下，记住经过哪条通道。在他的研究中，布鲁尔对11臂放射状迷宫做了一些改装，使之更具有挑战性：如果老鼠按顺序从每条通道跑下来，就像在钟表上从1点到2点再到3点，它们将找不到食物。如果它们每隔一条通道跑下来，就像从1点到3点再到5点，它们也不会找到任何东西。它们必须每隔3条通道跑下来，即从1点到4点再到7点。这对老鼠来说很难，真正的诀窍是要在一轮之后记住已经经过哪些通道。

为了在人身上重复同样的实验，布鲁尔和同事们在一个篮球场上用塑料防水布建造了一个11臂迷宫。球场中央是迷宫中11条通道的交汇处。每条通道的末端都是钱。

布鲁尔说："但这不是给他们的钱。我们现在已经收集了150名参与者的数据。动物需要奖励激励，但人类通常要在努力完成一项任务时找到动力。这是人和老鼠之间的一个很大的区别。"

是的，这是其中之一。但是对于那些试图完成迷宫的参与者来说，情况怎样呢？

"当你穿过迷宫的时候，你可以应付七八条通道，"布鲁尔说，"然后你就像——什么？我在哪儿？你迷路了。当第二次重来的时候，你还是很难记住11条通道，因为你不能简单地按顺序重来。"

虽然布鲁尔不愿从他的研究中推断出任何关于老鼠智力的结

论，但新泽西州立罗格斯大学的一位神经学家最近却公开讨论了这个问题。

"我曾经不愿意在老鼠身上使用'智力'这个词，因为它的含义太丰富了。"路易斯·D.玛泽尔（Louis D. Matzel）说，当时我们在他位于该大学皮斯卡塔韦校区心理学大楼的办公室里见面。"1992年，我在向美国国家卫生研究院提交的第一份拨款提案中使用了这个词。评论家说生物学中没有研究智力的用武之地，因为每个人都知道，智力只是一种社会建构。这样你就明白了为什么有些动物科学家不愿意讨论这个问题。我甚至见过一位罗格斯大学的院长，她曾经告诉我，我不应该讨论智力问题，因为这是一个很艰难的话题。但她是个白痴，不久后就被解雇了，我觉得自己是对的。"

我开始觉得他挺有意思。玛泽尔有着中年瘦削的身形，留着发灰白的棕色头发和修剪整齐的小胡子。他穿着匡威高帮运动鞋，在大楼外面抽烟，喜欢在冬天和十几岁的儿子一起爬山。他的妻子特蕾西·萧尔斯是新泽西州立罗格斯大学的心理学家（本书第五章曾对她进行过介绍，她曾在"认知增强剂"会议上对一个爆炸的头部进行嘲讽）。玛泽尔的办公室窗户上挂满了圣诞彩灯——这可是九月。"那是大约五年前挂上去的，我懒得把它们取下来。"他说。书架上放着一张CD，名字叫《直到我们死去》，是由一个我从未听说过的乐队——Star Fucking Hipsters——演唱的。在他办公桌附近的软木墙上，挂着一张性手枪乐队（Sex

Pistols）已故贝斯手席德·维瑟斯（Sid Vicious）和他已故的女友南希·斯宾根（Nancy Spungen）的照片。席德涉嫌谋杀了南希。旁边是一张伊恩·柯蒂斯（Ian Curtis）的照片，他是英国新朋克乐队快乐分裂（Joy Division）的已故歌手。"你没听说过快乐分裂乐队吗？"他说，"在YouTube上查一下。几年前有一部关于他们的优秀纪录片。"

并不是所有的照片都是去世的朋克摇滚歌手。"就在你身后是一幅蜗牛的图片，"他说，"赫米森达是一只漂亮的小海螺。但那是我进入的一个可怕的领域。在2000年左右，我对老鼠有了一些想法，不再研究蜗牛，并且再也没有回头。"

玛泽尔对老鼠的最新研究可能是对耶吉和博史库尔研究结果所能想到的最惊人的复制。然而，在进行这项研究之前，玛泽尔首先必须从头开始设计一种能够准确测量小鼠工作记忆的测试。不仅没有这样的测试，也没有证据证明老鼠有工作记忆。大多数像玛泽尔一样的研究者，都认为老鼠需要有工作记忆来跟踪环境中的事物。但没有人真正证明过这一点。

为了做到这一点，玛泽尔使用了一种非常复杂的装置。这种装置只在1981年的一篇论文中被描述过一次：双迷宫。在一个小房间里并排放着两个8臂的放射状迷宫，房间的墙壁上装饰着大胆的设计。实验的做法是先让老鼠去探索一个迷宫的几个通道，然后将它们放到第二个迷宫，探索几个通道，然后再放回到第一个迷宫——通过这种方式，看看它们是否能记得在第一个迷宫中探索过哪几个通道，从而避免重复。就像水手们利用繁星在海洋中航行一样，老鼠也可以抬头看到房间的墙壁，从而超越迷宫的限制，定位自己在整个房间中的位置，然后到达另一个迷宫。在他办公室对面的一个小实验室里，西面的墙上挂了一个大大的黑色"S"，还挂了一串小小的灯，东墙上挂了一个大大的黑色加号和一串灯泡，但灯泡比较大。他在南墙上贴了一幅画得很粗糙的星形海报，在北墙上贴了一幅画得很荒谬的成人游泳的卡通人物图。

"问题在于，"玛泽尔说，"如果我让老鼠只走一个迷宫，它真的做得很好。训练有素的动物通常不会犯错误。它会四处搜索，找到八块食物。但如果有两个迷宫，就真的很难。起初，它们都会犯很多错误。但我们发现，经过几天的反复尝试，它们就会做得很好。一只聪明的老鼠最终会很擅长走两个迷宫，而且不会出错。在这项任务中，一些啮齿动物至少和人类一样优秀。所以它们确实有工作记忆。"

我问到，所谓"聪明的"老鼠是什么意思。

"我们用一组六个不同的学习测试来考察老鼠的智力。偶尔，我们会发现在所有六项测试中，有一只老鼠比其他50只老鼠的表现都要好。我们会说，这是一只非常聪明的老鼠。我们教它们避免电击或强光，穿越干燥的迷宫，横渡水迷宫。我们还有一个推理任务。"

推理任务要求小鼠利用排除法进行推理。"我给动物看一个星星的符号,"他说,"它学会了向一个圆形的物体走去,物体下面会是一个奖励。所以,动物知道看到星星的时候,如果它走到圆圈里,就会得到一块食物。星星意味着循环。然后我用正方形和三角形训练它。如果看到一个正方形,就会得到三角形下面的食物。所以,正方形的意思是'去三角形'。有一天,我给它看了一个以前从未见过的符号,比方说一个新月,在它可以选择的物体中,有一个三角形,有一个圆形,还有一个以前从未见过的新物体。它看着三角形和圆形思考,'食物不可能在这些下面,一定在新物体下面'。它通过排除法推断出食物一定在新物体的下面。这是一件神奇的事情——老鼠很擅长做这件事。这种推理任务,被认为是能够证明人类推理能力的典型例子。然而,老鼠却可以做到。我很惊讶它们居然可以做到。因为我不相信我的狗能够做到。我的狗看起来真的很笨。多年来,我总是让我的狗戴着绳子在院子里玩,而它却总是把自己缠在一棵树上。"

通过推理任务,玛泽尔证明了,与在人类身上一样,在老鼠身上也可以识别出一般的智力因素:擅长推理任务的老鼠学习其他任务的速度往往更快。同样的,在工作记忆任务中表现较好的人,在推理和学习任务中也表现较好。但真正有趣的是,玛泽尔在神奇的小鼠实验中利用了耶吉和博史库尔的训练研究:2010年,他在报告中写道,通过让动物在双迷宫中练习来训练工作记忆,它们在一般认知能力测试中变得更聪明。最后也是最重要的,在年幼时接受双迷宫训练的老鼠,到老年时,注意力和学习能力随年龄增长而衰减的程度要小。玛泽尔和他的同事在研究中总结道:"这些结果表明,投入长期注意力的认知训练方案,可以缓解学习、注意力和认知灵活性方面的一般缺陷。"或者,像他告诉我的那样:"我们的目的是通过操控老鼠的工作记忆,看看能否对它们的智力产生直接的影响。事实上,我们和耶吉的研究殊途同归。"

如果工作记忆训练能够提高老鼠的智力,想象一下这能够对席德·维瑟斯产生怎样的影响。

第八章　信仰的捍卫者

兰迪·恩格尔正在研究工作记忆。他并不是第一个研究它的人；这个荣誉属于英国心理学家艾伦·巴德利（Alan Baddeley），他在1974年首次提出了一种连贯的工作记忆理论。在第二章的开头，我们曾提到心理学家恩格尔，他雄辩地阐述了测量爱或智力的难度。他比任何一位心理学家都更能说明爱为什么如此重要，又如何与流体智力紧密相连。在1999年发表的一篇论文中，恩格尔和三名同事描述了他们对南卡罗来纳大学133名本科生进行的11项记忆测试。他们的研究成果被1500项后续研究引用。这些记忆测试中，有一些是简单的短期记忆测试——记住单词或数字的列表——而另一些是工作记忆任务，需要操作处理记忆的信息。他们还对学生进行了两项流体智力测试，其中一项是雷文的渐进式矩阵，另一项是学生的语文和数学SAT成绩。恩格尔和同事们使用复杂的数学公式来研究这些测试的相互关联，他们得出的结论是："工作记忆与流体智力有很强的联系，而短期记忆则没有。"也就是说，一个人在工作记忆测试中表现得越好,他或她往往就越聪明。他们认为,工作记忆和流体智力都"反映了一种保持积极表现的能力,尤其是在面对干扰和分心的情况下"。

但这种避免分心的能力与流体智力有什么密切关系呢?在另一篇由恩格尔一人撰写、2002年发表在《心理科学近期趋势》(*Current Directions in Psychological Science*) 期刊上的颇具影响力的论文中,他以一个极其荒谬的例子开篇:

> 我是一个狂热的棒球迷,当我用收音机听比赛时,尤其是涉及亚特兰大勇士队的比赛时,我妻子偶尔会告诉我她想让我做的事情。然而,通常情况下,尤其是在比赛处于激烈争夺的时刻,我甚至不会注意到她在和我说话。这种屏蔽信息的能力和工作记忆有什么关系吗?控制注意力的能力和记忆中暂时被激活的信息有什么关系吗?

当然,恩格尔并不是在暗示,他在球类运动中忽视妻子的能力应该被视为一种智力。难道他确实是想暗示这一点?恩格尔以一种自嘲但又极具启发性的方式,揭示了智力本质的某种强大之处:专注于某件事而让周围的世界消失的能力。这对于配偶或朋友,或者等待食物的宠物,可能都不是一件愉快的事情。每个艺术家、发明家、作曲家、数学家、作家、企业家、科学家——都在从事认知要求很高的各类工作,更不用说每个读者、学生或常看电影的人——必须把注意力完全放在手头的工作上。这样做，无论是好是坏，他们必须暂时排除干扰。

在多次电话交谈中，我请恩格尔描述一下，在他看来，自己对心理学的主要贡献是什么。

"我一遍又一遍地证明，工作记忆和流体智力这两大变量之间的关系，"他告诉我，"对两者来说，最重要的是注意力控制，你能在我说话的时候把注意力集中在我身上，不让自己分心，你也能有意地、自主地把注意力从一件事转移到另一件事上。注意力控制不仅对认知很重要，对行为和情绪控制也很重要。它可以帮助创伤后应激障碍患者阻断侵入性思维和记忆。这是判断一个人在被确诊精神分裂症后能否恢复的最重要因素之一。在那篇发表在《心理科学近期趋势》上的论文之后——我很自豪地说，这篇论文至今仍是该期刊历史上被引用最多的论文——社会心理学家、精神病理学家、精神分裂症研究人员，以及其他领域的人开始关注我的工作。正是这篇论文让认知心理学以外的人注意到了我的工作。"

恩格尔目前的研究，比在《心理科学近期趋势》上发表的论文要更进一步——指出工作记忆能力可能"与一般的流体智力是同构的"——这是一种花哨的说法，真实的含义是这两者可能是用两组不同测试定义的完全相同的东西。鉴于他建立起工作记忆和流体智力最初的相关性，为后续克林伯格、耶吉、博史库尔和众多其他的研究人员在工作记忆训练方面的研究铺平了道路，后来他的态度转变可以用让人震惊来形容——也许在某种程度上，希腊神话的学生可以欣赏并会认为这是完全可以预测的——他现在被公认为是工作记忆训练的主要反对者，一位激烈而刻薄的批评家，一位伟大的检察官，以及"工作记忆训练不能提高流体智力"这一信念的主要捍卫者。

他曾在某次电话和面谈过程中告诉我，耶吉和博史库尔的研究是"令人震惊"的，他对他们"荒谬"的说法而感到"不寒而栗"。他把这些说法与20世纪80年代的一些理论相提并论，当时有人认为"冷核聚变"可以在桌面设备上实现，后来这种理论被证明是虚假的。对于耶吉和博史库尔2008年发表的突破性论文，他指责他们选择性地只发表支持自己观点的数据。"数据是精挑细选的，"他说，"这与美国心理协会（APA）的道德违规行为非常、非常接近，APA会开除你。那篇文章已经很接近了。现在还没有很好的证据证明这一点。然而他们继续做着同样的事情。在我看来，那篇论文让数百名聪明人陷入徒劳无益的境地。"当被问及迈克尔·梅泽尼奇和Posit Science时，他告诉我："如果你相信梅泽尼奇说的——他能治好从阑尾炎到仇外心理的所有疾病。梅泽尼奇就像卖蛇油的推销员一样。他一开始是一名研究老鼠的正统科学家。我相信他是一个很好的老鼠科学家。"在谈到托克尔·克林伯格和Cogmed时，恩格尔说："这是一种全新的肮脏交易。商业利益在很大程度上推动了这些研究。如果你用谷歌搜索Cogmed，它看起来可以用来解决从关节炎到腰痛的所有问题。培生集团靠这个赚了一大笔钱，研究者也加入了这个群体。在我看来，Cogmed是一个彻头彻尾的骗局。"他预测，研究很快就会"推翻"这些错误的说法。他说，很多人都同意他的观点，但他补充说："我是第一个告诉你这些的人，因为我有勇气这么说。"

恩格尔在大大小小的学术会议上都发表过类似的言论，有时，耶吉和他攻击的其他对象就坐在观众席上。例如，在新泽西州立罗格斯大学发表演讲后，一名学生问他是否知道什么可以提高工作记忆。"我还没有看到任何好的科学研究能告诉我工作记忆可以被提高，"他回答道，"我知道的每一项研究都在我称为垃圾的水平上。"

他有一次在心态平和的时候告诉我："流体智力不是从文化中衍生的。几乎可以肯定，这是智力的生理基础。我们已经很好地认识了大脑中对智力至关重要的区域。前额叶皮层在控制注意力方面尤为重要。你能改变流体智力吗？依我的观点，不，我认为你不能。在过去的几年里，人们进行了数百次提高智力的尝试，但几乎没有成功，甚至可以肯定地说，没有成功。"

我一直为自己是一个持怀疑态度的混蛋而感到自豪，这与科学记者的工作描述相符。但是，我很久以前就懂得，在这种性质的争端中，不要太容易受任何一方的影响，因为这种争端有时就像政治冲突，看起来是不可调和的。早在20世纪90年代初，我就报道过治疗前列腺癌的最佳方式的争议。一组研究人员坚持认为手术和放疗绝对可以挽救生命。顺便说一下，这些研究者碰巧是外科医生和放射科医生。另一组研究人员坚持认为观察等待是最好的选择，因为前列腺癌通常生长缓慢，而治疗——无论是手术、放疗还是两者兼而有之——都可能产生毁灭性的副作用。这些人碰巧是流行病学家。你猜怎么着？20年后，他们还在争吵。

总的来说，科学，尤其是医学，一直都有这样的争论。就像政治和体育一样，它们是游戏的一部分。因此，恩格尔坚持认为他知道真相，很多人都错了。但他的观点不能被认为是真理，尽管是他让工作记忆受到关注的。毕竟，就连爱因斯坦也搞错了量子物理学的某些方面。所以，让我们看看证据。

在撰写本文时，我知道发表在同行评议的科学期刊上的论文中，有75项随机实验发现了各种认知训练的显著益处，有四项实验没有发现这种益处。还有一项研究实际上并未涉及任何工作记忆训练，但值得关注，因为2010年6月该研究在英国发表时吸引了大量媒体报道。神经学家阿德里安·欧文（Adrian Owen）与英国广播公司的电视节目《理论大爆炸》（*Bang Goes the Theory*）合作进行了这项在线实验。在邀请英国观众参与之后，欧文从他们当中招募了11 430名观众，让他们在一个为期六周的在线项目前后接受一系列智商测试。该项目被设计用来开发可以进行商业推广的"大脑构建"软件。一些参与者被训练六项"推理、计划和解决问题的任务",而另一些则接受了六项"记忆、注意力、视觉空间处理和数学计算的测试"。这些任务基于任天堂自 2005 年以来一直热卖的系列游戏"大脑时代:每天花几分钟训练你的大脑!"以及川岛博士的大脑训练。长期以来,这些游戏一直被批评缺乏证明其有效的证据,尽管游戏名称诱人,但任天堂公司对营销推广却十分谨慎,声称其纯粹是为了"娱乐"。欧文在《自然》杂志上发表的一篇论文中总结到,尽管参与者在六周的时间里在所有接受过训练的任务上都取得了进步,但"没有任何证据表明,这些效果对未接受过训练的任务有迁移影响,即便这些任务在认知上是紧密相连的"。

我对他进行电话采访,欧文最初表达了兰迪·恩格尔会欣赏的怀疑态度。"我绝对相信大脑训练不起作用,"他开始说,"我在全世界范围内也看不到任何证据。然而数以百万计的人正在使用它们。"但是当我问他使用 N-back 和其他工作记忆任务进行训练的事情,他说:"我认为耶吉做的很多工作都很出色。她的工作记忆任务与市面上任何商业用途的东西都不一样。这极为难得。我认为耶吉和同事们正在孜孜不倦地研究'你是否可以训练流体智力'这个问题。你很有可能可以提升智力,只要做那些练习项目。为什么不能在流体智力方面做得更好呢?我确信耶吉和她的公司做了一些出色的工作。我真心希望他们能坚持下去。"

第一批专门测试工作记忆训练效果的研究基本没有发现任何训练收益，有一项研究的题目是"工作记忆训练后智力并未提高的证据：一项基于随机组和对照组的研究"（No Evidence of Intelligence Improvement after Working Memory Training: A Randomized, Placebo-Controlled Study）。该报告的八位作者中，有六位是佐治亚理工学院的现任或原研究者，包括论文的资深作者、心理学教授、高级大脑成像中心（Center for Advanced Brain Imaging）的代理主任兰德尔·W. 恩格尔。

　　恩格尔和助手们从解构耶吉和博史库尔2008年开创性的论文开始，重申了他在会议上提出的许多观点。根据他们的判断，耶吉和博史库尔研究的主要错误在于，它展示的四项规模较小的研究中，每项研究都应用了不同的方法，因此实际上研究者是把苹果和橘子混在一起。然而，耶吉和博史库尔最初的论文只描述了这四项小规模的研究，但他们的编辑或独立的同行评审员并没有对此感到担忧；甚至伴随论文一同发表的庆祝评论也承认了论文的缺陷。但是，设计上的缺陷和统计上的不足，几乎是像他们这样的开拓性研究的普遍特征，这与其说是为了回答一个问题，不如说是为了提出一个问题。自那以后，包括耶吉和博史库尔的研究在内的数十项研究证实并扩展了2008年的研究成果。但是，在恩格尔不那么谦虚的观点看来，所有这些研究都毫无价值。

　　恩格尔随后描述了自己团队的实验：招募了130名参与者，但只有75名参与者完成了研究并被纳入最终分析，他们的年龄都在18～30岁之间，其中大多数是大学生，还有少数人不是学生。参与者被随机分配到三组中：一个组做耶吉和博史库尔设计的适应性双重N-back任务，任务随着参与者能力的提高而增加难度，持续20轮；另一个是"主动控制"组，参与者练习一个无须工作记忆的适应性视觉搜索游戏，同样持续了20轮；最后一个是无接触的控制组，他们没有接受任何训练，只需要参加测试。在训练环节开始之前、中间和结束这三个时间点上，所有75名参与者都接受了针对流体智力和晶体智力的详尽测试，总共涉及14项测试，包括两个版本的雷文的渐进式矩阵测试，理解推理和类比能力的测试，三个多重任务处理的测试，两个工作记忆测试，两个感知速度测试——一个关于词汇，一个关于常识。平均来说，前测耗时2小时20分钟，而中测和后测都耗时1小时40分钟。参加测试的人每完成一项测试可以获得40美元的报酬，如果完成全部三项测试，还可以获得12美元的奖金。

研究人员发现，无论以何种方法训练，都没有任何收益。然而，奇怪的是，没有一个小组显示出所谓的"测试效应"。测试效应是指在研究中，人们在重复某项测试时，通常会在这项测试中表现得更好的一般趋势。测试效应解释了为什么卡普兰预科课程投入了大量的时间让学生重复参加他们准备的模拟考试：人们通常在第二和第三回合得分更高，没有别的原因，就因为他们对题目更加熟悉了。这就是在训练研究中使用对照组的意义所在，这样研究人员就可以将测试效应与训练带来的收益区分开来，这些测试效应能够让几乎所有人在后续测试中做得更好。恩格尔的测试参与者在前测、中测和后测中得分几乎相同,这一事实很奇怪,它提出了一些问题:参与者是否因为必须在三种不同的场合进行14次如此冗长的测试而感到疲惫?在几个小时内进行如此多的测试,会导致提升的空间过小吗?

但是,让我们对恩格尔的实验保持善意的怀疑,他对耶吉、博史库尔以及其他人并没有这样做。的确,每一项被设计的研究,包括物理学家的研究,尤其是心理学家的研究,都会被吹毛求疵,承受批评和事后评判。因此,让我们暂且接受恩格尔的研究结果:他发表在同行评议期刊上的研究发现,在研究者设计的条件下,N-back训练没有任何益处。

奇怪的是,另一篇研究发现,针对健康年轻人进行工作记忆训练,并不能提高他们的智力,论文的题目也直截了当:工作记忆训练不能提高健康年轻人的智力(Working Memory Training Does Not Improve Intelligence in Healthy Young Adults)。马来西亚理科大学(University of Science)的翁廷克·崔(Weng-Tink Chooi)和克利夫兰凯斯西储大学的心理学家李·A. 汤普森(Lee A. Thompson)招募了130名本科生进行实验。他们在实验前都参加了预考。每人接受一项词汇测试、一项感知速度测试、几项视觉空间推理测试以及雷文的渐进式矩阵测试。研究人员告诉这些学生,在参与研究的前六个小时,他们将获得4~6个学分,在随后的每小时中,他们将获得7.5美元的时薪。然后他们被随机分配到六组中。第一组做了八天的双重N-back训练,每天花大约半个小时。另一组也做了同样的事情,但持续了20天。这两组人都遵循了耶吉和博史库尔设计的方案,即难度随个人能力的变化而变化,随着个人准确度的提高,难度会上升到3-back和4-back甚至更高阶。第三组和第四组做了八天或20天的双重N-back,但题目始终保持在1-back等级。尽管1-back很无聊,这些参与者被认为是"积极"的控制者,因为他们至少在积极地做一些事情。第五组和第六组被认为是"消极"控制组,他们要来8~20天,但没有任何任务;他们可以做作业,或者什么也不做。在研究结束时,最初的130名学生中有93人参加了后测,并被纳入崔和汤普森的分析。

结果很奇怪:八天组和20天组进行渐进式双重N-back的学生,不仅在大多数后续测试中没有进步,实际上还在大多数测试中退步了。所有对照组进行的大多数后续测试中也发现了同样的退步。这种反测试效应表明,在这项研究的实施过程中出现了一些奇怪的东西(或者用程序员喜欢用的词说——杂牌电脑)。崔和汤普森的研究的另一个特点是,学生并不是完全随机地被分配到活动组或对照组:如果最初被分配做N-back的学生不喜欢,他们可以选择退出,转到什么都不做的组。正如作者在论文中承认的那样:"我们推测,只有积极性较低的参与者才会选择退出,而他们可能正是能够从训练中受益并收获明显的转移效应的人。"(耶吉和博史库尔在2008年的研究以及其他许多研究发现,能力较低的人学习获得的收益，按比例来说，往往比那些能力较高的人更大，因为他们的进步空间更大。）由于可以选择退出，一些训练小组只有10名参与者，这影响了研究的统计效果。

但是，就像恩格尔的研究一样，我们必须认定，崔和汤普森发表在同行评议的期刊上的研究并没有发现N-back训练有任何益处。

第三项没有发现收益的研究，发表在2013年5月22日的公开期刊《公共科学图书馆·综合》（*PLOS ONE*）上。这项研究由美国国防高级研究计划局（DARPA）资助，由哈佛-麻省理工学院健康科学与技术部大脑与认知科学系教授约翰·加布里利（John Gabrieli）领导。这些志愿者的平均智商在117~120之间，他们在20次训练中每次得到20美元的报酬，完成所有训练并接受前后测试的报酬更高。20名志愿者被分配到适应性双重N-back训练组，研究的结论是他们在大多数未训练的任务中的进步微乎其微，在统计学意义上没有比被分配到主动或被动对照组的志愿者表现得更好，无论是工作记忆任务还是流体智力测试，他们的表现都没有更好。

也许麻省理工学院周边的志愿者的高智商是问题所在。正如刚刚提到的，一些研究发现，最需要它的人能获得最大的收益。除此之外，我必须承认，在所有四项显示训练没有收益的研究中，以下这一项研究最让我感到焦躁。

第四项显示训练没有任何收益的研究，是迄今为止最普通的一项。该研究发表在《人类行为中的计算机》(*Computers in Human Behavior*) 杂志上，这是一份鲜为人知的期刊，该期刊未被 PubMed 收录。研究中，39 人被随机分为四组：一组参与川岛博士的大脑训练，第二组参与策略游戏，第三组参与研究者设计的双重 N-back，第四组作为被动控制组。在平均进行 17 轮、每轮持续 20 分钟的测试后（参与者被要求在家中进行），双重 N-back 组在雷文的高级渐进性矩阵测试中的得分比其他任何一组都要高，但不具有统计学意义。实际上，这个研究应该被标记为"退回寄件人"。

尽管如此，整体来看，如果这四项是仅有的研究，那提升智力的前景将非常糟糕。但是还有 75 项研究显示训练会带来收益，其中 22 项研究表明流体智力可以提升。那么，问题就在于如何看待这些消极的结果。世界是混乱的，尤其是在试图测量像人类智力这样难以捉摸的东西的时候。答案是，就像陪审团一样，我们必须权衡所有的证据。

恩格尔很好，他在试着帮我们权衡。在《记忆与认知应用研究期刊》的第三期中，恩格尔恰好担任其编委会成员，他和他的两位乔治亚理工学院的学生发表了一篇题为"Cogmed 工作记忆训练：证据支持这种说法吗？"（Cogmed Working Memory

Training: Does the Evidence Support the Claims?）的文章。他们回顾了21项之前发表的关于Cogmed的研究。首先是克林伯格在他2002年发表的开创性论文中报告的积极结果，这篇论文引起了耶吉和博史库尔的注意。"尽管这些结果令人鼓舞，"恩格尔和他的同事写道，"但随后复制实验时发生了一系列失败。"

哎呀，这听起来真令人失望。但是等一下。下面是恩格尔引用的"复制失败"的三个研究案例的题目：

"工作记忆缺陷是可以被克服的：训练和药物对多动症儿童工作记忆的影响。"（Working Memory Deficits Can Be Overcome: Impacts of Training and Medication on Working Memory in Children with 多动症）

"适应性训练能持续增强能力低下儿童的工作记忆。"（Adaptive Training Leads to Sustained Enhancement of Poor Working Memory in Children）

"工作记忆训练对特殊儿童阅读的影响。"（Effects of Working Memory Training on Reading in Children with Special Needs）

最后一项是由心理学家埃里卡·达林（Erika Dahlin）领导的研究，涉及57名特殊的瑞典小学儿童。在对其中42人进行Cogmed训练并将结果与其余的人对比后，该研究得出结论："结果表明，工作记忆可以被视为……特殊儿童识字能力发展的关键因素，改善工作记忆的干预措施，可能有助于儿童（变得）

更精通阅读理解。"

恩格尔引用的几乎所有证明Cogmed无效的研究中，都发现了Cogmed在某些方面确实有效。事实上，我统计了许多这样的研究，包括上面列出的三项研究，认为它们是工作记忆训练确实有效的证据。有趣的是，恩格尔对耶吉和博史库尔使用了"择优选择"这个词——他只提到了每次研究的负面结果，忽略了许多正面结果。还有其他一些"失败"的研究：

"为植入人工耳蜗的儿童进行工作记忆训练：一项初步研究。"（Working Memory Training for Children with Cochlear Implants: A Pilot Study）

"计算机化的工作记忆训练改善了出生体重极低的青少年的表现。"（Computerized Working Memory Training Improves Function in Adolescents Born at Extremely Low Birth Weight）

"大脑皮层多巴胺D1受体与认知训练相关的变化。"（Changes in Cortical Dopamine D1 Receptor Binding Associated with Cognitive Training）顺便说一句，这篇文章发表在世界顶级科学期刊《科学》上。

"工作记忆训练后前额叶和顶叶的活动增加。"（Increased Prefrontal and Parietal Activity after Training of Working Memory）——发表在另一份备受推崇的期刊《自然神经科学》上。

回顾这些研究之后，借用恩格尔的说法，他就有了得出如下结论的底气："Cogmed提出的主张基本上是未经证实的""对于那些寻求增加智力，改善注意力和注意力控制，或减轻多动症症状的儿童来说，目前的研究表明，该训练项目不能够提供期望的结果"。

考虑到Cogmed无疑是被研究得最多的训练工作记忆的商业服务，这一结论是如此奇怪，以至于发表恩格尔论文的那期杂志的其余内容都是其他研究者对此的回应。没有人直接说恩格尔的评论是恶意中伤，但有些说法很接近。苏珊·E.盖瑟科尔（Susan E. Gathercole），英格兰约克大学的心理学家，恩格尔对有她署名的两项研究进行了批判。虽然她承认这两篇论文的研究规模都相对较小，但她表示，"我们所看到的工作记忆增强的一致性表现"，让她的团队有信心开展一项规模更大、时间更长、成本更高、更精心设计的研究。她说，研究结果"支持了我们之前的发现"。她指出，如果没有早期的研究，规模更大的研究"就不合理"。她最后反驳了恩格尔的严厉批评："在评估认知干预研究时，重要的是权衡所有可用的数据。经过适当衡量的累积证据，可能具有巨大的价值。持怀疑态度在科学上至关重要，但同样重要的是，要避免舍本逐末。"

来自美国圣母大学的一个研究小组在同一期发表了两篇论文。第一篇是随机研究，结论是Cogmed训练似乎并没有在试图解决工作记忆问题的同时，提高人们从长期记忆中提取信息的能力。这个团队的第二篇论文强调，"目前，尚不清楚Cogmed工作记忆训练的全部潜力"，并建议可以对其改进以提高工作记忆的更多方面。

耶吉、博史库尔和他们在密歇根大学的一些前同事，也在该期刊上发表了回应，承认Cogmed可能并非"无懈可击"，但他们认为恩格尔的批评"过于悲观"。克林伯格也发表了一篇论文，文章的最后一段触及了问题的核心："工作记忆训练仍然是一个年轻的研究领域。就像所有的科学一样，没有任何一项实验可以解释一切，而且结果从来都不是完全一致的……许多问题依然存在。但是工作记忆容量是固定的这一观点，已经被彻底推翻了。"

在这期杂志中，唯一一篇赞同恩格尔对Cogmed的虚无主义观点的论文，是盖瑟科尔在约克大学的同事、心理学教授查尔斯·休姆（Charles Hulme）与别人合著的。休姆和挪威奥斯陆大学（University of Oslo）特殊需求系教授莫妮卡·梅尔比-勒瓦格（Monica Melby-Lervåg）对恩格尔引用的同一批论文进行了统计元分析，得出结论称，总体而言，"证明Cogmed项目有效性的证据极其薄弱"。休姆和梅尔比-勒瓦格的意思是，从统计学上讲，论文中的大多数，要么规模不够大，要么论证不够强，不足以说服他们。因此，尽管他们审查的每一篇论文都提供了适度的统计证据，证明Cogmed的工作记忆训练确实有好处，但休姆和梅尔比-勒瓦格从相反的角度看待统计结果，认为所有这些研究实际上都证明了相反的观点。

尽管恩格尔的评论和休姆的元分析，都试图对Cogmed进行深入分析，但它们未能说服学术界的许多同行，包括我能找到的所有同行。恰恰相反的是，至少有57项关于Cogmed的研究正在进行中，包括盖瑟科尔的研究。如第三章所述，之前克里斯蒂娜·哈迪对儿童癌症幸存者的研究和朱莉·施韦策对多动症儿童的研究，都报告了Cogmed带来的收益，这些研究就发生在恩格尔和休姆试图大规模解构先前研究的几个月内。2013年6月，《美国智力与发育障碍杂志》(*American Journal on Intellectual and Developmental Disabilities*) 发表了斯蒂芬妮·贝内特（Stephanie Bennett）对21名唐氏综合征患儿的研究结果。这些孩子在7~12岁之间，他们被随机分配到对照组，或者花10~12周时间在当地学校每天接受25分钟的学前Cogmed训练。研究总结道："在接受训练后，干预组的儿童在训练过和未训练过的视觉空间短期记忆任务中的表现显著提高。"四个月后，改善情况仍在持续。这些结果表明，在学校设置计算机视觉空间记忆训练，对于患有唐氏综合征的儿童是可行和有效的。马萨诸塞州总医院唐氏综合征项目的联合主任布莱恩·斯科特科（Brian Skotko）告诉我："如果Cogmed是一种药物，每个人都会称这项研究具有开创性。"

"我是一个来自西弗吉尼亚的乡下孩子。"

事实证明，兰迪·恩格尔对克服出身和背景的限制颇有心得。坐在新泽西州立罗格斯大学的自助餐厅里，他看上去比实际年龄66岁要年轻，他身材魁梧，脸颊红润，稀疏的头发贴在高额头的中央。

"我在西弗吉尼亚州的卡诺瓦山谷长大。直到四年级，我一直住在一间没有自来水和下水管道的房子里。我是四个孩子中的一个。我妈妈以前把我们放在9号的浴缸里，这是你能找到的最大的浴缸。她用烧木材的炉子烧水，也在这个炉子上做饭。我从一年级到八年级就读于只有一间教室的学校。"

"但我为自己的背景感到骄傲。我觉得自己很幸运，因为我妈妈，就像大多数摆脱这种状况的人的父母一样，妈妈相信我，没有强迫我，是她成就了我。另外，我不太了解我的父亲。他为了养家，不得不在大萧条期间辍学，当时他只有15岁。他最后成了一名工人。他聪明得让人难以置信，但我母亲认为我们可以成为不同的人。我是他身边第一个高中毕业生，也是父母两方所有亲戚中第一个上大学的。我的大多数兄弟姐妹也上过大学。"

"但我的生活没有剧本。我住在离传统黑人大学六千米的地方。西弗吉尼亚州立大学就是一所传统黑人大学。我在那里是少数派。75%的同学都是黑人。我在那里接受了良好的教育。大学里有一大批因为肤色无法在其他地方找到工作的教师。有一名心理学教授，他1929年在西北大学获得博士学位，在读研究生期间一直做男仆。还有一名数学教授，他是哈佛大学的博士，如果是现在这个时代，任何地方都会聘用他。我的法语女老师，20世纪30年代在索邦大学获得博士学位。这些人给予我们极好的本科教育。"

"你看，西弗吉尼亚不久前还是殖民地。煤矿主是这里的主人，住在北方，其他人没有自己的房子。他们用代币而不是美元支付工钱。这些临时凭证只能在公司的商店里使用。所以员工们没有受过教育是非常重要的。他们要让这一点延续下去。重要的是他们有便宜的、可控的劳动力。这些老板和经理，把人们置于对健康极其有害的工作环境。为了让奴隶一年工作50周，每天工作8~10个小时，只要活着就行，就必须让他们保持无知。煤矿主使用的另一个工具是种族。他们这样说服你：尽管你现在的情况很糟糕，但如果你让别人，比如移民、黑人进来，情况会更糟。你就会捍卫这个制度。所以保持种族主义真的很重要。"

"我把每一分钱都给了奥巴马。我女婿是共和党人。我对他说，'我要用给你的遗产来确保你的候选人不会获胜'。因为我有孙子孙女，我不希望他们在富豪统治下长大，像布什家族、罗姆尼家族、科赫家族或阿德尔森家族。"

回到智力研究的话题上，恩格尔问我："你知道拉什顿是谁吗？他是最坏的。"[J.菲利普·拉什顿（J.Philippe Rushton），西安大略大学的心理学家，在二十世纪八九十年代成名于拥护种族主义观点的智力遗传和犯罪学说。]"但是，在美国心理学中有一种绝对的偏见，倾向于严格的培养论立场，反对任何先天的影响,"恩格尔继续说道,"任何一个值10美分的行为遗传学家都知道,流体智力大约有50%是遗传的。我并不是说,培养和环境不重要。在我看来,它们在克服先天智力的限制方面能够发挥巨大作用。我不认为我很聪明,但我很努力地工作。但你能让你的脾脏变大吗？我不这么认为。我不是说智力不可能被提高。但是想让你在10小时内提高智力,还是饶了我吧。我会对任何严肃的心理学家说,这是一件荒谬的、难以理解的事情。"

恩格尔在为这样一种观点辩护,即生理因素在人的流体智力差异上起了非常重要的作用。我想知道他如何看待心理学家K.安德斯·艾利克森的观点,他认为专家和甚至所谓的天才,与其他任何人没有什么不同,除了他们把众多的时间投入他们所选择的专业,并从中积累了众多的专业知识。艾利克森有一个著名的论断:无论是下棋还是拉小提琴,最优秀的人都是那些平均付出一万小时来获得最多知识和专业技能的人。在《异类》一书中,马尔科姆·格拉德威尔称之为"一万小时法则"。

"安德斯和我一直在围绕这个话题争论,"恩格尔说,"对安德斯来说,知识就是一切,天赋什么都不是。这是约翰·洛克(John Locke)塑造的观点。但是扎克·汉布里克(Zach Hambrick)做了一些非常有趣的研究,他发现工作记忆能力可以解释很多技能的差异,无论是德州扑克、钢琴,还是你能想到的任何技能。扎克的工作非常出色。所以我宁愿有知识也不愿无知,但天赋能力在知识之外发挥着重要的作用。"

艾利克森否定了流体智力可以训练的观点，这不是因为他赞同恩格尔"流体智力既重要又不可改变"的观点，而是因为他认为流体智力既不重要也不可改变。

"基于我们的研究，并没有真正发现通用能力的重要性，"艾利克森在佛罗里达州立大学的办公室里通过电话告诉我，他是康拉迪杰出学者和心理学教授。"我对苏珊·耶吉工作的主要疑问是，她似乎不满足于你可以提高正在训练的任务的表现。她想证明这能从整体上提高你的智商。真正让我恼火的是，我认为他们提出训练智力，贬低了我们已知的在任何领域取得高绩效的先决条件。如果你能找到哪怕是一个案例，只要15个小时的练习就能培养出世界级的专家，这将违反一万小时法则和我们所发现的一切。即使是最有天赋的人也必须花费数千小时的刻意练习才能达成目标。"

当然，耶吉和其他任何参与认知训练的人都没有提出，一个人经过15个小时的工作记忆训练就能成为世界级的专家。他们主张的是，训练可以让人们学得更快，因此他们可能需要更少的时间来掌握任何内容。但如果真的像艾利克森所说的那样，练习，练习，再练习是区分专家和非专家的唯一方法，与一个人的认知能力无关，那么认知训练将变得不重要，智力也不重要，除了一万小时的练习之外什么都不重要。当然，练习一段音乐可以让你更好地学习其他音乐，但除此之外，在艾利克森看来，能力没有任何迁移。

汉布里克师从恩格尔获得了心理学硕士和博士学位，现在是密歇根州立大学的心理学副教授。汉布里克曾在威斯康星州公共广播电台就智力的可训练性与我进行过辩论，他还与恩格尔合著了两篇抨击认知训练的论文，但他对艾利克森的观点也有一些有趣的批评。

汉布里克告诉我："艾利克森强烈地认为，一切都和练习有关。啊哈，事情是这样的。当你观察音乐专家、国际象棋专家、拼字游戏专家、钢琴专家，这些专家估计的练习量有很大差异。艾利克森忽略了自己数据的可变性，其中的原因我不太明白。在象棋大师群体中，他们为达到这一水平花在练习上的时间从2000小时到两万小时不等。我们在艾利克森的数据中看到了这一点。他曾对拼字游戏专家进行研究。当然，专家们的练习时间平均比新手的要长。但是这些专家之间也存在很大的差异。并不是说他们都会练习一万小时。在练习中，专家之间的个体差异是巨大的，甚至存在数量级的差别。"

我提到了史蒂夫·温伍德（Steve Winwood），这位吉他神童在20世纪60年代初14岁时加入了斯宾塞·戴维斯乐队（Spencer Davis Group），16岁时与埃里克·克莱普顿（Eric Clapton）一起录制专辑，在21岁之前就已经组建了交通乐队（Traffic）和盲目信仰乐队（Blind Faith）。温伍德的例子一直让我心痛，因为我在十几岁的时候就带着宗教狂热练吉他，到大学时也没有取得任何成就，只组成了一个疯狂的朋克乐队——突变。令我惊讶的是，汉布里克对温伍德了如指掌。

"他不仅是一个非常年轻的吉他手，"他说，"他还是许多不同乐器的专家。他在个人专辑里演奏了所有的乐器。"

汉布里克开始兴奋起来。

"让我给你读一篇我正在写的论文，"他说，"在一个棋手样本中——这些棋手都是大师级别的棋手，他们的得分至少是2200分，在得到这个分数之前，他们的刻意练习时间从不足1000小时到2.4万小时不等。比这更重要的是，当我们比较大师组和新手组或中级组时，有一些大师级选手比一般的中级选手练习得少。有一些中级选手的练习时间比一般的大师级选手的长。关键是，差异太大了。"他正在撰写的那篇论文最终于2013年5月发表在《智能》(Intelligence)杂志的网络版上。论文的结论是，在国际象棋和音乐方面，刻意练习只占人们成绩的三分之一左右。

"《异类》一书中，格拉德威尔说：'研究表明，一旦一个音乐家有足够的能力进入一所顶级音乐学校，他（她）与其他演奏者的区别就在于他（她）工作有多努力。'这是不对的，"汉布里克说，"人们练习的努力程度存在着很大的不同。一万小时法则——我认为是个神话。'研究人员已经确定了他们认为的真正专家的神奇数字：一万个小时。'这是一个平均值，但实际上个体值和平均值的差异非常大。这是一个非常重要的问题。人们如何在自己的工作中变得出类拔萃？当然，练习很重要，但练习并不能决定一切。"

正如恩格尔告诉我的，汉布里克甚至测试了练习对扑克获胜的影响。2012年，他与别人联合发表了一项研究，研究对象是155名经验迥异的德州扑克玩家。他们发现经验非常重要——准确地说，获胜因素的57%在于评估获胜牌的能力，38%在于记住已经出过的牌的能力。然而，他们写道："工作记忆容量大大提高了预测选手水平的准确性，没有证据表明扑克知识和工作记忆容量可以互换。也就是说，工作记忆容量对于帮助扑克知识不同的人获胜同样重要，这表明，专业知识并不总是能够规避工作记忆容量不足的限制。"他们发现，工作记忆在一个人评估获胜牌的能力中占比19%，在记住游戏中已经出过的牌的能力中占比32%。

尽管我很喜欢与汉布里克谈论摇滚吉他手和扑克玩家，尽管我很喜欢并尊重他与恩格尔，但我仍然不明白他们为什么反对"工作记忆和流体智力可以通过训练提高"这一观点，即便有大量且不断增加的证据支持这种观点。但我一直在努力。

"我只是不相信工作记忆训练具备普遍性的益处。"汉布里克告诉我。

"但如果一个人接受工作记忆任务训练并有所提高,"我问道,"难道不意味着他的工作记忆变得更好了吗?这不是很有价值吗?"

"有可能,"他承认,"比方说,你反复练习一项特定的工作记忆任务,并且你真的做得很好。那么问题是,除了这个特定的任务,它还会带来哪些其他收益吗?这才是真正的争议所在。如果工作记忆是流体智力的重要组成部分,并且如果它能预测流体智力,那么如果你在工作记忆测试中表现得更好,你就提高了流体智力,这种情况是有道理的。但工作记忆决定流体智力的观点也可能是错误的。这有点让人不安,因为我们花了很多时间试图证明工作记忆和流体智力是相关的,并认为,因果箭头是从工作记忆指向流体智力。但是,你知道吗,我们可能错了。"

后来,他的思路改变了。他说:"也许人们可以获得超越任务训练的工作记忆技能,我认为这是一种令人兴奋的可能。所以作为一种可能性,人们可能更擅长心算。但这与工作记忆训练能提高流体智力完全不同。"

"工作记忆训练可能会改善认知功能的某些有用方面,但并不能提高流体智力",这种模棱两可的承认是毫无意义的,因为汉布里克和恩格尔职业生涯的标志性观点认为工作记忆和流体智力两者密切相关,很难区分开来。然而,我还是和恩格尔进行了多次谈话,他的回答一直模棱两可。

"我确实相信,我们都可以通过学习变得更好,"恩格尔曾经告诉我,"有一年,我花了整个夏天阅读有关正念冥想的书籍。禅宗佛教徒比我更懂正念,也知道如何训练。是的,我确实认为工作记忆的这一方面,以及它在一定程度上对流体智力的作用,是可以改善的。但我认为改进的程度是有极限的。因为这种能力由大脑结构和基因驱动。但是可以改进很多。我三岁的孙子来看我时,就会来到我家的前院。我们几年前开始玩一个游戏。我们坐在前院的石墙上,我会说:'我听到鸟叫了。你听到那只鸟了吗?'他在听。然后我会说:'我听到一架飞机的声音。你听到飞机的声音了吗?'他越来越擅长这个游戏了。他提高了从噪声中分离信号的技能。"

朱莉·比斯凯诺(Julie Vizcaino)在投入很多时间练习国际象棋之后,成绩有所提高,智力也明显提高。对此,他说:"智力提升可能已经扩展到了她生活的很多其他方面。我相信这一点。我确实认为大脑结构存在持久的个体差异。但是,重要的是,我们可以学着绕过这些差异,将限制因素最小化。我认为学习更好地集中注意力,排除干扰,不让注意力被无关的事情分散,可以帮助你克服自己的局限性,使这些限制变得不那么重要。老实说,我就是一个活生生的例子。我从来不认为自己很聪明。但我的优势是非常固执,坚持不懈。所以我在生活中取得了一定的成功,我没有让限制成为生活的障碍。这相当于给矮个子一个梯子。作为一个社会人,我们有很多方法做到这一点。我对限制感兴趣,也对如何绕过限制感兴趣。"

在另一次谈话中，他没有使用"给矮个子一个梯子"这种比喻，他把训练的影响联系到导演詹姆斯·卡梅隆的电影《异形2》里的一个场景，由西格妮·韦弗（Sigourney Weaver）扮演的蕾普莉（Ripley）这个角色，为了对抗巨大的外星人皇后，爬到一个设计用于装载货物的动力外骨骼上。

"所以我们可以把西格妮·韦弗放进这个机器人套装里，突然之间，她能举起比以前重百倍的重量，"他说，"我们所做的是帮助她克服自己的局限。你和我一直都在这样做。这并没有消除我们的局限性，只是想办法绕过它们。"

但是，当我们在大脑中竖起一个梯子时，谁还能分辨出过去的我们和现在的我们有什么不同呢？

第九章 献给Ts65Dn的花束

如果像恩格尔相信的那样，增加流体智力的承诺真的是一部虚构的小说，那么所有已出版的研究报告都可以放在书架上，与这个主题的第一部伟大小说《献给阿尔吉侬的花束》（*Flowers for Algernon*）摆在一起。这本书是丹尼尔·凯斯（Daniel Keyes）于1966年创作的。它最初以短篇小说的形式发表在1959年4月4日出版的《奇幻与科幻杂志》（*The Magazine of Fantasy & Science Fiction*）上，后来被改编成电影《查理》（*Charly*）。它讲述了一个智力有缺陷的人在经历了一次实验性的脑部手术后，短时间之内变成天才的故事。阿尔吉侬是一只实验鼠，它首先接受了手术，迷宫学习能力出现了短暂的、显著的改善。

但是如果凯斯的科幻小说可以变成现实呢？迄今为止，最接近实现这一想法的科学家是阿尔贝托·科斯塔（Alberto Costa），他是一名巴西的内科医生和神经学家。1995年6月25日傍晚，在他的第一个也是唯一的孩子出生几个小时后，他的生活和工作发生了突然的变化。科斯塔的妻子黛西经历了一场创伤性的紧急剖腹产手术，仍在恢复中，她躺在床上，镇静剂让她昏昏沉沉。临床遗传学家走进他们位于休斯敦卫理公会医院灯光昏暗的病房。他把科斯塔拉到一边，告诉他一些不幸的消息。他说，女婴似乎患有唐氏综合征，这是最常见的基因导致的认知障碍，过去被称为"智力迟钝"。

科斯塔对唐氏综合征所知甚少，这并不是他的专长。然而，在医院的病房里，他与遗传学家争论着这个仍不确定的诊断结果。他说，婴儿的心脏没有唐氏综合征常见的任何缺陷，她的头围也正常。她看起来不像一个典型的唐氏综合征婴儿。

"但是我们有血液样本"，科斯塔回忆着遗传学家的话。他知道，这意味着基因测试已经完成。当一个孩子出生时，如果诊断出第21条染色体上的所有或大部分基因有三个副本，而不是通常的两个副本，就可以确诊。

科斯塔曾梦想他的一个孩子长大后成为一名数学家。他甚至说服黛西给女儿起名叫堤喀——希腊的机会女神的名字，并纪念文艺复兴时期的天文学家第谷·布拉赫（Tycho Brahe）。现在他问遗传学家堤喀（发音为"Tishy"）患唐氏综合征的概率有多大。

"以我的经验，"他说，"接近100%。"

消息虽然令人痛心，但并非完全是意外。黛西的第一次怀孕以流产告终，他们知道，这可能是由于胎儿的遗传疾病。黛西第二次怀孕时，科斯塔坚持进行绒毛膜取样，这是一种产前基因测试。但是手术导致了流产（测试显示胎儿的基因是正常的）。科斯塔深感内疚，发誓如果第三次怀孕——就是这次——就不会做产前测试。

现在，堤喀安静地躺在黛西床脚的摇篮里，黛西睡着了，科斯塔整夜坐着哭个不停。实际上，他之所以投身研究是为了摆脱医疗现场，因为看到被诊断摧毁的父母对他来说太痛苦了。但到了早晨，他发现自己做了任何新生儿父亲都会做的事：在婴儿床旁转悠，牵着女儿的手，惊叹她的美丽。

"从那天起，我们就紧密地联系在一起了，"他在我们某次谈话中告诉我，"我所能想到的就是，她是我的孩子，她是一个可爱的女孩，我能做些什么来帮助她呢？显然，我是一名研究大脑的内科医生和神经学家。这就是我面前的新生活，她握着我的手指，直视着我的眼睛。我怎么能不去帮助孩子呢？"

科斯塔没有唐氏综合征的研究经验。第二天，他到贝勒医学院（Baylor College of Medicine）附属图书馆散了会儿步，他曾经在那里做神经科学部的助理研究员。通过阅读最新的研究，他了解到该病预后诊断并不像人们曾经认为的那样可怕。预期寿命增加了，教育改革也取得了显著的进展，而科斯塔特别感兴趣的是，最近有一个患有这种疾病的小鼠的研究案例，为实验研究打开了大门。当天结束，他做了一个决定：致力于唐氏综合征的研究。

结果将震动这一领域。2006年，科斯塔用相当于患有唐氏综合征的老鼠做实验，发表了首次研究成果，表明一种药物可以使海马体中新生脑细胞的生长和存活正常化。海马体是大脑深处的一个区域，对记忆和空间导航至关重要。在唐氏综合征患者大脑中，海马体中的神经元生长速度较慢被认为是造成认知缺陷的关键因素。对于科斯塔测试过的抗抑郁药物百忧解能否在学习中产生实际效果，匹配脑细胞生长的能力，其他研究人员的后续研究得出了相互矛盾的结果。但是，科斯塔并没有被吓倒，而是采取了另一种治疗策略。2007年，他发表的一项研究表明，给唐氏综合征小鼠服用老年痴呆症药物盐酸美金刚（memantine）可以改善它们的认知能力。

第二年，科斯塔又迈出了一大步，启动了史上第一项临床随机对照研究，将一种对患有唐氏综合征的小鼠有效的药物应用于患有唐氏综合征的人类。该领域的神经科学家告诉我，无论结果如何，这项研究都是一个里程碑。

"人们认为这种疾病是没有希望的，没有治疗的方法，然后大家会想，那为什么要浪费你的时间呢？"斯坦福大学唐氏综合征研究和治疗中心（Center for Research and Treatment of Down Syndrome）联席主任、精神病学和行为科学教授克雷格·C.加纳（Craig C. Garner）说，"过去10年见证了神经科学的一场革命，所以我们现在意识到，大脑具有惊人的可塑性，非常灵活，大脑系统可以被修复。"

但其他科学家正忙着寻求一种完全不同的突破：他们希望预防唐氏综合征，而不是治疗唐氏综合征。非侵入性产前血液检测正处于开发过程中，这项检测可以在妊娠的前三个月进行常规检测，这引发了一种担忧，即更多的父母可能会终止受影响的妊娠。

科斯塔告诉我："这就像我们在和推广早期筛查方法的人赛跑。这些测试很容易上手。在这一点上，人们可以预期，唐氏综合征患儿的出生率会急剧下降。如果我们不能迅速提供替代方案，这个领域可能会崩溃。"

伦敦内科医生约翰·兰登·H.唐恩（John Langdon H. Down）在1866年发表的一篇著名论文"白痴种族分类观察"（Observations on an Ethnic Classification of Idiots）中，首次描述了这种最终以他的名字命名的疾病。当时，"白痴"和"低能儿"是公认的医学术语，用来描述狄更斯笔下的英国居民中的智障人士。唐恩的专业能力不能区分出此类残疾的各种类型和原因，这让他感到沮丧。他提出，可以根据不同种族的相似之处对这些患者进行分类：白种人、埃塞俄比亚人、马来人，以及名声不佳的蒙古人。在一片善意的胡闹声中，唐恩准确地指出，他所称的"蒙古人"（Mongol）（这个词最终演变成"蒙古人"的外号Mongoloid）从一出生就有这些病症，他们患病并非由于任何伤害或疾病：他们有"又长又粗"的舌头，说话困难；"又平又宽"的脸，眼皮很厚；身体协调性也不正常；开朗的性格。然而，他最经常提到的特点是，他们从训练和指导中受益匪浅。

最后一点似乎在1959年被很大程度上遗忘了。当时法国遗传学家和儿科医生杰罗姆·勒琼（Jerome Lejeune）证明，这种疾病是由第21条染色体的三份副本引起的，它不是通常的两个副本（分别从父母那里遗传来的）。勒琼最近的发现是在2011年3月，实际上，科斯塔见过他的遗孀。他们在巴黎的一个以勒琼命名的会议上见面，来自世界各地的神经科学家在会上讨论了唐氏综合征和相关疾病治疗的进展。在科斯塔15年前进入这一领域时，这样的会议是不可想象的。

"你想想大多数遗传疾病，它们是由一个基因引起的，实际上是一个氨基酸上的一个突变，"罗杰·里夫斯（Roger Reeves）说，他是该领域杰出的研究人员，也是约翰斯·霍普金斯大学医学院遗传医学研究所的教授，"而唐氏综合征，在21条染色体上有大约500个基因的额外副本。"几十年来，勒琼的发现吓跑了科学家，让他们不敢认真地为被称为"21-三体综合征"的疾病寻找治疗方法。这种疾病似乎太复杂了。

"真正的转折点是穆丽尔·戴维森（Muriel Davisson）进行的小鼠实验。"里夫斯告诉我。

戴维森在缅因州巴尔港的杰克逊实验室做了很长时间的遗传

研究，现在已经退休了。她花了几年时间培育了一只老鼠——如果你想知道的话，是一只阿尔吉侬鼠——它有许多与唐氏综合征有关的特征。这项任务极其复杂，因为人类第21条染色体上的基因，杂乱地分布在老鼠的第10条、第16条和第17条染色体上。所以她是怎么做的？三个词：雄性、性腺、辐射。

戴维森告诉我："众所周知，如果你照射雄性老鼠的性腺，染色体会断裂，有时会随机地与错误的染色体融合在一起。"她认为，如果辐射之后，额外的唐氏基因副本会偶然地附着在一条染色体上，她可能会中头彩。在美国国家卫生研究院下属的国家儿童健康与人类发展研究所的资助下，她于1985年开始对雄性小鼠的性腺进行辐射。

五年后，在250只老鼠的帮助下，她得出结论：第65次进行实验的小鼠拥有最好的唐氏综合征结合特征，甚至包括一些令人难以置信的这种疾病的独特面部特征，以及略微不协调的步态。此后，这只老鼠被命名为Ts65Dn，意为三体染色体，第65次尝试，戴维森。

在她发表她的老鼠的消息五年后，戴维森收到了一位名叫阿尔贝托·科斯塔的年轻神经科学家的电子邮件。他告诉她，她的工作为开展有意义的新药研究打开了大门。

"这是一个顿悟，哦，这是一个可以应用我所学的很多知识的领域，"科斯塔说，"科学通常不会原谅那些试图改变职业道路的人，但我愿意冒这个险。"他的博士学位论文研究的是脑细胞之间交流的电化学基础,他告诉我:"我想,好吧,如果在这个领域有什么可以做的事,那就是在神经电生理学的层面上做。"在阅读了几个月的最新研究后,科斯塔认为他需要戴维森的老鼠。

"他扭着我的胳膊,直到我把他带进我的实验室,"戴维森笑着说,"我没有资金。他写了一份赠款协议以提供资金。他非常有热情。"但是,她也发现:"他是一个完美主义者,对那些非完美主义者不太宽容。他不会在不确定自己能否做对的情况下做实验。当他有研究发现的时候,你就知道那一定是真的。"

2006年,科斯塔用戴维森的老鼠做了一项与百忧解有关的研究,在科学家当中引发了一场淘金热。这些科学家正在寻找一种药物,这种药物不仅会导致大脑细胞的变化,还会引起代表智力提高的行为变化。斯坦福大学的克雷格·加纳率先迈出了这一步。2007年4月,加纳发表报告说,Ts65Dn小鼠的行为改善了,这只是在使用实验性药物治疗数周之后。(2013年,他与别人合作创办的一家公司,从一家风险投资公司获得了1700万美元的投资。)四个月后,科斯塔发表了盐酸美金刚研究,发现单次注射这种药物几分钟内就能产生行为上的改善,使唐氏综合征小鼠能够像普通小鼠一样快速地掌握水迷宫的技巧。

科斯塔推测,盐酸美金刚发挥作用的原因,不是促进脑细胞的生长,而是让现存的细胞正常使用神经递质NMDA。因为唐氏综合征患者第21条染色体上的所有或大部分基因都有三个副本，而不是两个，它们比该染色体编码的蛋白质就要多50%。一个结果是，Ts65Dn小鼠的NMDA受体"过度活跃"——它们对刺激反应过度。因为反应敏感，它们学到的太少，原因是有用的信号在噪声中消失了。但是科斯塔发现，盐酸美金刚使嘈杂的NMDA受体安静下来，可以使脑细胞正常反应。

在Ts65Dn小鼠的大脑中也发现了其他缺陷，其他研究人员进行的药物研究当中，至少有三项改善了小鼠的表现。2009年11月，威廉·C.莫布里（William C. Mobley）——加州大学圣地亚哥分校的神经科学主席，也是该领域最活跃、最有远见的研究人员之一，与他人共同撰写的一项研究表明，旨在提高大脑去甲肾上腺素水平的药物组合，能够使老鼠的学习能力恢复正常。在2010年6月，洛克菲勒大学的诺贝尔奖得主保罗·格林加德（Paul Greengard）加入了这场争论。他的研究表明，Ts65Dn小鼠的记忆和学习能力，可以通过降低β-淀粉样蛋白的水平而恢复正常。这种黏稠的蛋白质，长期以来一直被认为会阻塞阿尔茨海默病患者的大脑。

莫布里说："我们对唐氏综合征的理解和治疗能力发生了翻天覆地的变化。研究信息呈爆炸式增长。在2000年，没有一家制药公司想到寻求唐氏综合征的治疗方法。而现在，我接触了至少四家正在寻求治疗方法的公司。"

在将小鼠研究转化为人类研究方面，科斯塔走得最远，他于2008年7月就已经开始了临床试验。他的目标是招募40名患有唐氏综合征的年轻人。一半服用盐酸美金刚,另一半服用安慰剂。在服用了指定的药物 16 周后,他们都将重新接受测试,看看服用过盐酸美金刚的人是否变得更聪明了。

如果科斯塔在我第一次与他通电话的时候避而不谈、沉默不语,这本书就永远不会被写出来——我也永远不会被认知增强这个话题深深吸引。那是在 2009 年 12 月,《今日神经病学》(*Neurology Today*)的编辑费伊·埃利斯(Fay Ellis)让我写一篇关于莫布里的小鼠研究的文章。《今日神经病学》是美国神经病学学会的官方报纸。莫布里碰巧提到,科罗拉多州的一个人正在用一种药物在患有唐氏综合征的年轻人身上进行临床试验。我照例对科斯塔进行了一次 10 分钟的电话采访,希望能从莫布里的研究中得到一些引证,也想了解一下他的情况,但他不停地讲了一个多小时。通常这是记者最可怕的噩梦,但科斯塔说得越多,我就越感兴趣。

"这个领域实际上正处于一场真正的革命之中,"科斯塔开始说,"但没人想听。自从第 21 条染色体被测序以来,美国国家卫生研究院就对此漠不关心。我听到的是:'为什么要为唐氏综合征烦恼呢?它太复杂了,一整条额外的染色体,我们已经有了应对措施。'随着遗传学家们期待的新的产前检测出现,'它将会消失，那么为什么要资助治疗它的研究呢'？目前美国有30多万唐氏综合征患者。它们的命运可能会和恐龙的一样。"

"但有关唐氏综合征的研究并不乐观，它属于自闭症谱系障碍。脆性X染色体综合征甚至都得到了更多的资助和更好的报道。你唯一能在报纸上看到有关唐氏综合征的文章，是谈论产前检查的文章。"

"甚至许多唐氏综合征患儿的父母也对寻找治疗方法心存疑虑。整个残疾人权利运动或多或少都是在民权运动之后发展起来的。让有智力障碍的孩子进入正规的教室，这经历了好多年。这是一项巨大的努力。但问题在于，民权运动针对的是不平等身份，是肤色的问题。唐氏综合征不是一种身份，是一种医学疾病。我们已经进入了政治正确的极端，有些人不愿承认这一点。治疗它仅仅意味着，使用某种药物或其他方法改变大脑的功能。这和治疗其他疾病一样。我认为这和治疗多动症没什么不同。但是当你把所有这些放在一起考虑的时候，研究人员很难得到资助，因为整个潮流都对你不利。"

当我终于成功地让他放下电话时，我知道我找到了一个值得讲述的故事。

科斯塔当时是科罗拉多大学丹佛分校的医学院的医学和神经

科学副教授,他的公寓距离办公室和实验室有半个小时的车程。科斯塔在朴素的两居室公寓前停好车之后,一个穿绿衣服的女孩向汽车跑过来——然后消失了。

"堤喀,"科斯塔对女儿喊道,"你去哪儿了?"

我们俩都出去找她。我绕过停车场的另一辆车——一辆斯巴鲁森林人,发现她站在车前等着上车。16岁的堤喀穿着灰白色的衬衫和裙子,一撮像桃花心木的刘海被发带围了起来。她身高只有1.37米,圆脸,宽鼻子,大眼睛。

看到我困惑的表情,科斯塔解释说斯巴鲁森林人也是他的车。他经常和堤喀一起开这辆车。他把她领到我们开的丰田车上,她坐在后座。当科斯塔开车送我们回办公室时,我问她对父亲的工作有什么看法。

"他是最伟大的科学家,"她说,声音嘶哑、尖利。然后她笑着补充说:"他还建造了邪恶的机器。"

科斯塔解释说:"那是因为看了太多的卡通片。她最喜欢的是《飞哥与小佛》(Phineas and Ferb)。当然里面有一个邪恶的科学家,他制造了各种各样的机器。"

"就像嗅觉终结者一样。"她补充道。

回到他的办公室,堤喀向我展示了患有唐氏综合征的人不吃药也能做到的事情。在房间前面的白板上,她父亲写了一道代数题要她解:$8x^2 - 7 = 505$。

"据我所知,只有两名唐氏综合征患者会代数运算,她是其中之一，"48岁的科斯塔说，她女儿也有和他一样的茶褐色皮肤，"通常我们会在她睡觉前给她一个问题。基本上取代了睡前故事。"

"你给她一道数学题，而不是睡前故事？"当她写到 $x = 8$ 时，我问道。

"是的，"他回答说，"我就是这么奇怪。"

事实证明，在强有力的教育和支持下，许多患有唐氏综合征的人生活得比以前想象的要好得多，心脏病与其他相关疾病的医疗保健同样也取得了显著的成效。1983年至1997年的短短15年里，唐氏综合征患者的平均寿命从25岁延长到了49岁，翻了将近一倍。

尽管如此，唐氏综合征患者的智商通常比平均水平低50分。有些人智商水平低更多，有些智商要高一些，比如堤喀。那么，如果想让大多数患者能够独立生活，除了接受教育，显然还需要更多的东西。科斯塔认为盐酸美金刚可以使他们的智商提高15分，对他来说，让唐氏综合征患者能够生活自理是首要目标。"在某种程度上，你希望你的孩子能够有自己的生活，"他说，"这就是独立。"

科斯塔告诉我，他帮助堤喀和其他人超越预期的决心源于自己的童年经历。科斯塔和兄弟姐妹在巴西农村长大，他们的父亲是一名警察，母亲是一名裁缝。父母离异后，父亲几乎没有寄抚养费给他们，他们一贫如洗。也许一个必须通过努力奋斗才能出人头地的人，给别人的印象难免是紧张而专注于工作；自从堤喀出生以来，他没有休过一次假。但是，他说，他对堤喀也同样地投入，几乎每个周末都与她和黛西在一起。

"她是个好孩子，"他说，"她有很强的个性。在许多方面，她具有一个普通青少年的特征。她不喜欢我进入她的卧室。她喜欢流行音乐和吸血鬼。"他告诉我，她的良好表现对他来说很重要。"如果堤喀真的受到病情的严重影响，我不知道是否还有精力继续这项事业。"他再次承认，在研究中，他对所有40名认知能力差异很大的年轻人都有父亲般的感情。"归根结底，"他说，"他们的父母知道有人真的关心他们的孩子。对于我来说，这不是一种学术经历。这就是我的生活。"

"呼呼，来吧！"25岁的贝特西·鲍德温在90分钟的记忆力和其他能力测试开始时喊道。她还没有接受任何药物治疗，科斯塔需要评估她治疗前的认知能力。鲍德温有一头金黄色的头发，棕色的眼睛，脸上长着雀斑，穿着一件漂亮的花衬衫和蓝色的牛仔卡普里裤。她的左脚踝上缠着绷带，因为她几天前跳舞时摔倒了。她很喜欢跳舞。

坐在她对面的是克里斯塔·胡塔夫-李（Christa Hutaff-Lee）——一位即将获得博士学位的神经心理学家。这是科斯塔研究的第一阶段，是经过严格设计的，目的是测试鲍德温的海马体的神经功能。人和老鼠一样，海马体不仅对记忆很重要，对空间导航也很重要。唐氏综合征已经被证明对两者都有影响。

胡塔夫-李用优美的声音念出10件物品的名称，让鲍德温重复给她听。我静静地坐在这个没有窗户的小房间的一个角落里，鲍德温用了大约一分钟的时间回忆起其中的四个单词。

"你还记得吗？"胡塔夫-李热情地问道。

鲍德温皱起眉头，皱起鼻子。"给我个提示。"她说。

"哦，我也希望我能给你一个提示，"胡塔夫-李回答说，"那该有多好。但我不能给你提示。"

鲍德温重复了一个她已经回忆起来的单词，然后叹了口气，眯起眼睛说："我不知道。"

"好吧，干得很好，击个掌。"胡塔夫-李说，交换了一个庆祝的击掌，"好吧，贝特西，我再读一遍名单。你准备好了吗？"再读一遍后，贝特西记住了其中的六个。读了三遍后，她记起了七个。就这样，她们转向另一个测试，开始在电脑触摸屏上寻找隐藏在黑匣子下面的虚拟硬币。接下来测试沿着房间内的胡塔夫-李演示过的简单路线行走。

从我未经过专业训练的观点看来，这些测试虽然简单，但针对的是海马体的功能。海马体功能的研究被认为与科斯塔等人正在研究的药物一样，是重大突破。

"如果你破坏了老鼠的海马体，它就无法在迷宫中穿行，"科斯塔第二天早上在位于医学院新建校园的小办公室里向我解释道，"猴子如此，人也一样。我们需要它来导航和记忆事实。"

由于无法对老鼠进行语言测试，所以研究人员设计了其他方法来评估其海马体的能力。其中一个是莫里斯水迷宫，它测量老鼠记住一个隐藏在圆形水池水面下的平台位置的能力。另一个测试中，老鼠被放在一个不熟悉的笼子里，给它轻微的电击。24小时后，当老鼠被放回笼子时，研究人员观察它在小心翼翼地蜷缩着的状态下待了多长时间——这是老鼠对可怕环境的正常反应。Ts65Dn小鼠通常比正常小鼠蜷缩的次数少得多，显然不记得他们在第一轮中受到的电击。在科斯塔的研究中，注射了盐酸美金刚的小鼠和正常小鼠处于蜷缩状态的时间一样多。

鲍德温完成测试后，我们去了测试实验室的休息区，她的家人在那里等着。鲍德温的母亲凯茜一想到女儿能够实现自己成为一名时装设计师的梦想就泪流满面，就连鲍德温自己听到这一点也会兴奋地从座位上跳起来。

一年后，也就是2011年初，这项研究仍然没有完成。找到足够多愿意参与这项研究的父母所花的时间比科斯塔预想的要久。潮流似乎变得对他更加不利——报纸上大肆宣扬产前诊断唐氏综合征的非侵入性血液测试的新研究。然而，很少有文章指出，许多医学伦理学家，包括一些热心支持堕胎的人，对这些测试以及它们可能导致唐氏综合征患者数量大幅减少而深感不安。

纽约加里森黑斯廷斯中心的生物伦理学家埃里克·帕伦斯（Erik Parens）说："即使是传统上反对堕胎的人，有时也会因为胎儿有残疾的特征而宽恕堕胎。但重要的是要认识到，我们周围有大量的遗传疾病。许多唐氏综合征患儿，在用自己的方式茁壮成长，他们的家庭也是如此。"

新产前检查的支持者们坚持认为，父母会从训练有素的遗传学家那里得到有关胎儿异常的消息，他们会公正而全面地提供这些信息。"如果认为这些测试将导致唐氏综合征患儿出生的大规模减少，那就太过简单了，"斯坦福大学生物工程和应用物理学教授斯蒂芬·奎克（Stephen Quake）这样说，他是一项新测试的研发人员，"我妻子的表弟患有唐氏综合征。我们刚刚庆祝了他的21岁生日。他是个很棒的人。终止一个异常的怀孕进程，并不是想当然就可以做出的决定。"

但是，包括科斯塔和其他大多数唐氏综合征患儿家长在内的批评者坚持认为，这种冷酷无情的方法在实践中很少被恰当地采用，许多产科医生和遗传顾问提供了不恰当的负面或误导性信息。同时考虑到资金的问题，科斯塔告诉我：这种疾病是少数几项从美国国家卫生研究院获得的研究经费比10年前少的疾病之一，从2003年2300万美元的高点，下降到2013年大概2000万美元。这比预计用于脆性X染色体综合征的2800万美元还少（预计有五万人患有脆性X染色体综合征，而唐氏综合征患者的数据预计在30万至40万，前者最多只是后者的六分之一）。根据全球唐氏综合征基金会（Global Down Syndrome Foundation）的数据，尽管唐氏综合征是最常见的染色体疾病（美国每691个婴儿中就有一个出生时患有唐氏综合征），但它目前是"国家卫生研究院资助最少的主要遗传疾病"。

"这是事实，"美国国家儿童健康与人类发展研究所智障与发育障碍部门的负责人玛丽·卢·奥斯特-格拉尼特（Mary Lou Oster-Granite）在我与她进行电话交流时说，"在过去的几年里，人们的兴奋情绪不断高涨，特别是随着越来越多的药物靶点信息在老鼠身上研究。"但她告诉我，资金决策不是凭空做出的，病人团体的游说确实发挥了作用。

在6月一个酷热难耐的日子，我去马里兰州贝塞斯达的美国国家儿童健康与人类发展研究所总部拜访了奥斯特-格拉尼特的老板。该机构实际上是以已故总统约翰·F. 肯尼迪（John F. Kennedy）的妹妹尤尼斯·肯尼迪·施赖弗（Eunice Kennedy Shriver）的名字命名的。施赖弗毕生致力于为智障人士发声，还创立了残疾人奥林匹克运动会。在一间墙上挂着肯尼迪总统画像的办公室里，艾伦·古特马赫（Alan Guttmacher）主任坐下来与我交谈。

我问他，为什么美国国家卫生研究院要为大约三万名患有囊性纤维化的人平均每人投入3000美元的研究经费，而却只为患有唐氏综合征的患者平均每人提供不到100美元的研究经费，他的回答相当含糊。

古特马赫说："受影响的人数是一个合理的衡量标准。"但他指出，一些罕见疾病的人均研究资金甚至比唐氏综合征的还低。他说，艾滋病、自闭症和乳腺癌等疾病的游说团体肯定在获得更多资金方面发挥了作用。也许，他推测，唐氏综合征有形象问题。"部分原因是唐氏综合征已经存在了很长时间。"他说。

我指出，古特马赫博士已故的叔叔（而艾伦就取自他叔叔的名字）是美国计划生育协会的主席，也是当时美国优生学会的副主席；他自己的研究主要集中在遗传学上；美国国家儿童健康与人类发展研究所继续在避孕措施研究上投入大量预算。显而易见的是，唐氏综合征孕妇的检测（如果父母一方选择终止妊娠）和资助改善出生时就患有唐氏综合征的儿童之间，难道不是存在利益冲突吗？

"在我看来，这是一个非常合理的疑问，"他说，"我认为两者有潜在的利益冲突，但我不认为实际操作中有冲突。从事生殖工作的人与从事唐氏综合征研究的人，是完全不同的群体。"

就在同一天，我会见了众议员凯西·麦克莫里斯·罗杰斯（Cathy McMorris Rodgers，华盛顿州共和党人）。2007年4月，她的儿子科尔出生并患有这种疾病，之后不久，罗杰斯与其他人共同创立了国会唐氏综合征核心小组（Congressional Down Syndrome Caucus）。另外三名核心小组的代表的家人也患有唐氏综合征。然而到目前为止,他们的努力几乎没有任何成果。就连写入法律的500万美元,也在乔治·W.布什总统批准并签署成为法律之前被删除了。该法律的目的是确保向怀孕父母通报诊断结果的医务人员,能够提供有关这种疾病的最准确、最前沿的信息。

她告诉我:"我发现自己在思考,美国国家卫生研究院究竟是如何设定它们的优先事项的。我非常担心唐氏综合征领域的许多研究人员难以获得资助。你知道2007年的计划吗?"她问的是美国国家卫生研究院制定的唐氏综合征研究目标路线图——到目前为止进展甚微。"他们会给你一个大的报告,一个关于他们如何实施计划的非常详细的报告,"她扬起眉毛,笑了,"我了解到更多的研究和突破,这是令人兴奋的。但我担心——这么说吧——我担心,对于一些人来说,他们认为产前诊断已经能够很好地解决问题。"

从大背景来看,美国国家卫生研究院对治疗研究的资助不断减少,似乎只是美国政府历史上的最新一章——批准歧视唐氏综合征患者。就在20世纪60年代末,这段历史不仅包括强制绝育,还包括移民政策,禁止他们和其他任何被认为"弱智"的人进入美国。齐格弗里德·普埃舍尔(Siegfried Pueschel)1932年出生于纳粹政权统治下的德国(具有讽刺意味),1966年他带着年幼的儿子克里斯蒂安试图进入美国时,发现了美国政策造成的障碍。普埃舍尔在德国获得医学学位后,在蒙特利尔做了两年的儿科实习生，之后被哈佛大学公共卫生学院录取。

"那个时候，每个来美国的人都得去看医生，"普埃舍尔告诉我，"我们必须在蒙特利尔的大使馆接受检查。克里斯还是个婴儿，快一岁了。不知怎么的，我跟医生说他得了唐氏综合征。他说，'哦，那你就不能到这个国家来了'。当时有一条法律规定，如果你有智力缺陷，就不能进入美国，因为在美国，每个人都是聪明的。所以我们不知道该怎么办。我在哈佛已经有了职位，他们在等我。我的困境已被当时哈佛大学董事会参议员泰德·肯尼迪（Ted Kennedy）知道了，他首先确保我们可以合法移民，然后还试图改变法律。"

1971年6月7日，星期一，肯尼迪在美国意大利移民委员会的一次演讲中，呼吁修改移民法，其中包括"为家庭成员已获准移民的弱智儿童提供便利"。但直到今天，美国法律仍然禁止这类孩子移民，尽管在其父母或配偶遭受极端困难的情况下可以获得特批。

普埃舍尔后来成为哈佛大学医学院附属波士顿儿童医院第一个致力于唐氏综合征患者护理的学术项目负责人，1975年接任罗得岛医院儿童发展中心主任。

"在我的一生中，自克里斯出生以来，唐氏综合征患者的处境有了巨大的变化和进步。1965年7月25日，当我的儿子出生时，别人说出了'把他送到一个机构里去吧，他什么都不会做，会成为一个植物人，会对社会造成威胁'，诸如此类的垃圾言论。

这也是我的医生朋友们的建议。我和妻子说不，他是我们的儿子，我们会照顾他。这是我们做过的最好的决定，因为他带给我们很多。"

对唐氏综合征治疗研究的资助不公一直存在，这似乎表明，情况越是好转，他们就越能保持这种不公。科斯塔至少是幸运的，因为他住在丹佛，离米歇尔·西·惠滕（Michelle Sie Whitten）的家很近。她富有的父亲约翰·J.西（John J. Sie）创建了Starz有线电视网。她的女儿索菲亚生下来就患有唐氏综合征，于是她成立了全球唐氏综合征基金会，并在科罗拉多大学医学院新成立的琳达·克尼克唐氏综合征研究所中发挥了核心作用。

一天晚上，惠滕坐在丹佛时尚的樱桃溪社区的一家高档酒吧餐厅里，从香槟酒杯里啜饮着普罗塞克葡萄酒，告诉我她是如何让昆西·琼斯在最近一个筹集了1000万美元的舞会上成为她的"国际发言人"的。如果有人能站出来为唐氏综合征代言，我想，那一定是米歇尔·西·惠滕。然而，当我提出一个假设性的问题——如果有一种药物能够"治愈"这种疾病，她是否会给索菲亚吃时，她勃然大怒。

"'治愈'这个词太过分了，"她说，"那到底是什么意思？无论怎样，她都是我的孩子。我认为，要改变孩子的想法是父母憎恶的。对我来说，索菲亚是我的女儿，她非常棒，她有一种有趣的幽默感，她只是碰巧有唐氏综合征。"

2009年在加拿大进行了一项调查——向唐氏综合征患者的父母提出了我向惠滕提出的问题。令人惊讶的是，27%的人说他们绝对不会给孩子服用可以"治愈"这种疾病的药片，另外32%的人说他们不确定。

家长们告诉我，在关于治疗的矛盾心理背后，是一种担心，即提高孩子的智商可能会改变他们的特质。

"没有人会反对用胰岛素治疗糖尿病。"迈克尔·贝鲁比（Michael Bérubé）说，他是1996年出版的《我们所知道的生活》（*Life As We Know It*）一书的作者。五年前，他的孩子杰米出生时患有唐氏综合征。"但唐氏综合征不是糖尿病、天花或霍乱。它更温和，更多变，更复杂。我可不想把杰米的性格搞得一团糟。他很好。与此同时，"贝鲁比补充道，他还担任宾夕法尼亚州立大学艺术与人文研究所所长，"我不是教条主义者。如果你谈论的是一种让人们在社会中发挥才干并保住工作的药物，我怎么能反对呢？"

※

2012年7月20日，星期五，科斯塔计划首次公开宣布他的研究结果。那天下午，数百名唐氏综合征患者和他们的家人走进位于华盛顿沃德曼公园万豪酒店的大厅里，这是美国第40届全国唐氏综合征大会（National Down Syndrome Congress）的年会,也是同类会议中规模最大的一个。

当我走向科斯塔和其他研究人员将要发表论文的房间时,一个年轻人从我身边走过,他问我:"你今天好吗?"看着他的笑脸,我可以看出他患有唐氏综合征。

"很好,"我说,"你呢?"

"我很好。"他说着继续往前走。

步入室内,亚利桑那大学发展心理学家杰米·埃德金(Jamie Edgin)在讲台上发表了演讲。她说:"我们很多人都很清楚,过去五到十年,我们在唐氏综合征的治疗方面取得了诸多进展,这令人激动万分。"

到了科斯塔做报告的时候,他花了更多的时间来讨论他研究的缺点,而不是其显著的进展。在会议的配合下,《转化精神病学》(Translational Psychiatry)杂志在网上发布了这项研究。研究发现,在16周后,大多数服用盐酸美金刚的人的记忆测试表现略好于研究开始时。但在14项测试中,只有一项的效果具有统计学意义。

科斯塔说:"这是一个小的进步,但从一个角度来看意义重大。这是这个行业第一次有人做这些事情。你既可以把它看作是一项很小的研究,也可以看作是过去十年来治疗唐氏综合征的研究中最伟大的发现之一。两种角度都是正确的。"

接着,另一名研究人员发表了一份报告,研究思路与科斯塔的相同。约翰斯·霍普金斯大学的临床遗传学家朱莉·胡佛-芳

（Julie Hoover-Fong）描述了她主导的一项研究——一种名为RG1662的药物。FDA尚未批准该药物的任何用途，该药物归制药巨头罗氏公司所有。该公司出资让胡佛-芳在33名患有唐氏综合征的年轻人身上进行了一项与对照组比较的随机试验。这项小型研究的主要目标是证明药物的安全性，但同时也可能会找到药物能改善记忆的迹象。

胡佛-芳说："在某种程度上，目前这个时间点上展示的结果有限。"到目前为止，只有前11名参与者完成了他们的测试，没有发现任何危险的副作用，并且似乎有好转的可能性。但她说，任何确定的结论都必须在完成整个研究之后才能得出。

演讲结束后，杰米·埃德金告诉我，父母对唐氏综合征患儿最关心的，更多的是与日常生活相关的，而不是智商本身。她说："很多父母都说，他们想让患有唐氏综合征的孩子拥有更多的语言能力和独立性。"

乔治·卡彭（George Capone）是巴尔的摩肯尼迪克里格研究所唐氏综合征诊所的医学主任，也是这次会议的组织者之一。

"我不喜欢过于热烈地谈论它，"卡彭说，"我担心这个话题被用错误的方式宣传。这是一项非常困难的科学研究，但也非常重要。我相信，作为一名临床医生，一个几乎每天都能看到患唐氏综合征的儿童和成人的人，我希望在我的医疗设备里有一些能增强认知能力的东西。我会毫不犹豫地说，我迫不及待地想要实现这一切。"

科斯塔说，他渴望对盐酸美金刚进行后续研究，但目前还没有资金。

"我们需要进行更大规模的试验，"他说，"生物学上的合理性是存在的。我们现在有一些临床数据。我们只需要做一个更大规模的试验。"

2013年，两项新的临床试验在测试制药公司研发的实验性药物；遗传学研究人员成功地关闭了唐氏综合征细胞中的第三条染色体，即21号染色体；像莫布里这样的研究人员，告诉我美国儿童健康研究中心已经大大增加了对寻找治疗方法的关注。至于科斯塔，他把自己的研究项目转到了凯斯西储大学医学院，获得了全国唐氏综合征大会颁发的克里斯蒂安·普埃舍尔纪念研究奖，并计划启动对盐酸美金刚的第二项规模更大的研究，这次将包含200名唐氏综合征患者。

我希望能和《献给阿尔吉侬的花束》的作者交谈。我想知道丹尼尔·凯斯会怎么讲述科学最终如何超越他的想象。这就像在阿波罗登月前夕采访儒勒·凡尔纳（Jules Verne）。后来我发现凯斯还健在，住在佛罗里达州的博卡拉顿，每天工作8～10个小时撰写下一部小说。

"我一直都知道这样的事情会发生，而且这件事情会存在争议，"当我对凯斯进行电话访谈的时候，他告诉我（在纠正我《献给阿尔吉侬的花束》这本书迄今为止究竟卖了多少本之后——目前已售出超过700万册，他语气平淡地说，不是区区

500万册。），"我认为这是一件美妙的事情。谈到儒勒·凡尔纳的比喻，害怕登月、害怕尝试探索太空是否正确？太空计划可能会失败，但我不认为继续尝试是错误的。重要的是，永远不要停止尝试改变你想要改变的一切。我一直想比以前更聪明。我一直只是一个普通人；我没有天才的智商。我一直希望自己可以无所不学、无所不知。"

但是对于小说的主人公（在1968年的电影中是查理）来说，他丧失了最初提升的智力，这样的结局不是很糟糕吗？

"《献给阿尔吉侬的花束》的结局并没有很糟糕，"凯斯坚持说，"这些善意的科学家想要做一些事情，只是没有做对。但我不认为他们的尝试是错误的。查理没有变成怪物。我一直觉得，人类想要实现的任何事情都是可以实现的，最糟糕的就是不敢尝试。"

第十章 诸神之战

到2012年秋天，耶吉、博史库尔和其他人毫无疑问地证明了训练可以提高流体智力，但恩格尔和其他持怀疑态度的人对此感到非常不满。相反，恩格尔和汉布里克不停地告诉我和任何愿意听他们讲话的人，他们已经取得了压倒性的证据支持他们的怀疑。事实上，关于训练的研究如此之多，以至于兰迪·恩格尔阵营的两位怀疑论者查尔斯·休姆和莫妮卡·梅尔比-勒瓦格（他们关于Cogmed的论文在第八章中有所介绍），发表了一篇针对之前23项工作记忆研究进行的新的元分析。对一些人来说，他们的成果意味着训练领域的末日。但据我所知，他们的论文没有包括至少十几项已发表的研究，所有这些研究都发现了积极的结果。即使采用他们论文的成果，其中也包含了许多令人惊讶的乐观发现。尽管如此，你还是不知道一些媒体人会怎样解读这篇论文。

休姆和梅尔比-勒瓦格论文的第一个结论是，训练"在语言工作记忆测试中有巨大的即时收益"，以及"在视觉空间工作记忆测试中有适度的即时收益"。这听起来很不错,对吧?他们进一步跟踪长期的结果,发现训练九个月后仍会对视觉空间任务产生"适度"影响。在22项研究中,他们发现了训练对于非语言推理的"远迁移"能力,也就是用黄金标准的雷文的渐进式矩阵测试来衡量的能力,有一种"小而可靠"的即时效应。元分析发现,其中10项研究显示,远迁移能力体现在另一项设计完善的执行注意力测试"斯特鲁普任务"中,这种效应是"小到中等"。

所有这些发现,正是曾经被认为不可能的效应,现在却被该领域的主要怀疑论者证明了。但是休姆和梅尔比-勒瓦格却忽略了这些,强调这个年轻的领域尚未得出他们满意的结果:工作记忆训练能够长期改善阅读、数学和其他现实能力。

对于恩格尔和汉布里克来说,元分析证明了他们一直以来的观点,即工作记忆训练根本不起作用,这是一种不道德的骗局。普利策奖得主、记者加雷斯·库克(Gareth Cook)在网上发表了一篇简短的博客文章,题为《大脑游戏是假的》(Brain Games Are Bogus)。《纽约客》这样的文化仲裁者正是这种阴谋论观点的代表。根据库克的说法,元分析得出的结论是"大脑训练"不起作用。"玩游戏会让你在游戏中表现更好,"他写道,"但不会让你在现实生活中其他人在意的事情上表现更好。"

稍等一下。库克对整个认知训练领域的1715个单词的评价,是在耶吉和博史库尔发表首次研究之后不到五年内做出的吗?此时，世界各地的数百名科学家已经做出了几十项更为精准的研究结果。所有的计算机认知任务真的只是一堆荒谬的言论吗？我，这个持怀疑态度的混蛋，是否被诱骗相信，像智力这样深刻而根本的事物，以及任何对现实世界有意义的能力，都可以通过每天几分钟的认知训练得到显著提高吗？

就这一点而言，最终的答案既不是科学界的事，也不是新闻界的事。但是，仅仅因为一小部分怀疑论者坚持怀疑态度，就断言一个仍然年轻的领域是"虚假的"，这种做法未免太苛刻了。让我们记住：在元分析发表的时候，多项功能性磁共振成像研究已经证明，工作记忆训练可以改善大脑的功能和结构，它也被证明可以在动物身上发挥作用——在老鼠身上已经实现了，拜托各位看清楚。研究表明，它已经可以帮助儿童、大学生、中年人、老年人、接受化疗和脑外伤后康复的人，以及唐氏综合征和精神分裂症患者。而且，训练的效果，可以利用经颅直流电刺激反复强化，加州大学洛杉矶分校的研究人员几乎在同一时间发表的另一项元分析，研究了认知训练或有氧训练对健康老年人的影响。在分析了包含3781名参与者的42项研究后，他们得出的结论是，这两种方法都有显著的认知收益。更重要的是，另两篇涉及老年人的系统性的文献综述也得出了类似的结论，即认知训练产生了可测量的收益。如果这是"虚假"的，那么"有效"到底是什么？

我从休姆和梅尔比-勒瓦格的综述中得出的结论是，认知训练领域还很年轻，这个领域还需要更多更长期的研究。不过，谢天谢地，这正是心理学家和神经科学家在2012年秋季和2013年春季承诺做的，他们筹备了四次重大的科学会议，每一次会议规模都相应地更小，讨论更激烈，也更坦诚，会议上这个领域的泰坦巨神们会有正面冲突，并寻求解决分歧的途径。

在10月中旬，神经科学学会召开了第一次也是规模最大的年度会议，这次会议吸引了数万名科学家前来新奥尔良。会上有10项新研究表明认知训练有积极的效果。其中两份来自索菲亚·维诺格拉多夫，这位加州大学旧金山分校的科学家一直在测试迈克尔·梅泽尼奇为精神分裂症患者开发的Posit Science计算机任务。通过使用随机对照组和长达16周的跟踪实验，她的两项新研究都显示训练组的认知能力显著提高，fMRI脑扫描检测神经功能正常化，血液测试也发现神经递质D-丝氨酸水平有所提高。由Lumosity的迈克·斯坎伦和其他人提出的另外两项研究发现，Lumosity的训练可以转化为一般认知能力的提高，而在训练结束后的数周内，参与者的最佳表现仍将持续（年轻人比老年人持续的时间更长）。

这次会议上最令人印象深刻的训练研究，来自柏林马克斯·普朗克人类发展研究所的乌尔曼·林登伯格（Ulman

Lindenberger）教授。就连恩格尔也对林登伯格在2010年发表的一项研究——"科吉托研究"（COGITO study）表示赞赏。在这项研究中，感知速度、工作记忆、情景记忆和推理的多项指标都在100天的认知训练后表现出显著改善。在这篇新论文中，林登伯格描述了训练对不同大脑区域的大小的影响。他招募了35名32岁以下的年轻人和37名65～80岁的老年人。所有人首先接受功能性磁共振成像大脑扫描，然后随机分配一半人接受为期100天的强化认知训练。之后，所有72名参与者接受另一轮脑部扫描。研究发现：在整个研究过程中，年轻人和老年人、受过训练的人和没有受过训练的人，包括小脑和前额叶皮层在内的四个大脑区域都出现了微小但可察觉的萎缩。但在那些接受训练的人中，小脑萎缩得较少。"思考，可以促进大脑成长"？不完全是这样。更应该是"思考，可以延缓大脑萎缩"。

但是，神经科学会议只是下一次会议的热身活动。大约有1800名实验心理学家（大约是神经科学会议规模的二十分之一）参加了心理经济学会的年度会议，恩格尔曾在这个会上对耶吉的工作做过一次令人难忘的严厉批评。今年，这两位都计划来参会。11月15日，星期四，我抵达明尼阿波利斯，前往城市会议中心参加开幕之夜的海报活动。在那里，科学家们手捧塑料酒杯，相互交流。研究的作者们站在被称为"海报"的巨幅研究成果打印件前，把他们的发现钉在软木塞板上，给出评论，并回答路过的其他研究人员提出的问题。爱达荷学院的梅瑞迪斯·米尼尔（Meredith Minear）提出了一项关于N-back、复杂语言跨度和视频游戏训练的综合研究。她发现，N-back训练能显著提高在注意力测试和最有趣的卡特尔文化公平智力测试（一种测量流体智力的测试）上的成绩。天普大学的劳伦·里士满（Lauren Richmond）也提出了一项研究，表明经颅直流电刺激可以显著改善参与者执行复杂工作记忆任务的表现。

周五中午，我发现耶吉站在她的海报前，长长的棕色直发像瀑布一样垂下来，披在灰色牛仔运动外套上。这项研究名为"工作记忆训练与流体智力改善的剂量-反应关系：一项针对老年人的随机对照研究"，研究对象为65名平均年龄68岁的健康成年人。他们被分成三组：一组每周进行两次N-back语言训练，持续五周；一组每周进行四次；一组作为对照组，没有指定的活动。经过五周的训练后，在两项工作记忆测试中，每周锻炼两次的小组的得分明显高于对照组，而且他们在两项流体智力测试中表现出改善的趋势。每周锻炼四次的人在流体智力测试中的得分几乎是每周锻炼两次的人的两倍，在统计学意义上优于对照组。

"我知道兰迪对此仍然持怀疑态度，"我对她说，"但通过这项研究，你似乎解决了他提出的许多问题。你已经获得了多种测量结果和一种剂量效应。"

"当然，你可以说，我们可以增加一种主动控制，"她回答说，想象着恩格尔可能会提出的批评，"但是剂量效应是我们可以控制的。在这项研究中，由于我们的资金有限，不可能再增加一个对照组。我们也不能进行长期跟踪随访。所以我们不知道这些影响会持续多久，以及锻炼组的智力测试得分是否会回到基线水平上。"

我说："似乎有越来越多的研究表明，是的，他们确实看到了显著的收益。但是兰迪的研究小组，以及崔的论文，却什么都没有发现。"

"这很微妙，不是做什么都能得到效果。我们仍处于一个新领域的开端。"

我想知道恩格尔对她的新研究有什么看法，所以我在房间里数百名参会科学家中寻找他的身影。恩格尔站在一个头发染成亮黄色、剪成莫霍克发型的家伙旁边，在看另一张海报，他身穿一件灰色的运动外套，里面是一件红白格子衬衫。我问他是否愿意来看看耶吉的海报，他同意了。

她刚开始解释，他就打断了她。

"所以这是被动控制？"他问道，这正是她所预期的缺乏一个"主动"控制组的问题，这种控制组被分配训练一些没有任何收益的项目，但仍然会给他们正在做有用的事情的印象，因此可能会有安慰剂效应。

"被动控制。"她说。

"每个人都在家接受训练吗?"

"每个人都在家训练。我们有一个锁定文件,这样我们就可以验证他们是否遵循了指令。我对此有点担心。但让我们吃惊的是,每个人都在遵循这些指令。"

恩格尔耸了耸肩,深深地叹了口气:"所以你没有主动控制?"

"在这项研究中,我们没有。但是我们感兴趣的是——"

他大声打断了她的话:"研究必须有主动对照组,苏珊。没有控制组——在我看来,这就是一个无控制研究。"

"是的,我们对训练频率的影响很感兴趣,并观察是否会发现任何剂量效应。"

"是的,"他说,试图礼貌一些,但没有成功,"是的。"

"所以两组人都有所提高。"

"是的。正确。好吧。"

她指着其中一张显示参与者在N-back训练期间进步的图表,继续说:"他们在几次训练后水平就稳定下来了,而且——"

他再次打断。"你能告诉我范围是多少吗?"他指着同一幅图说道,"很难知道这些变化有多大。"

"你可以观察到,我们在其他针对年轻人的研究中发现他们通常会提高大约两个N-back的水平。这一组大约提高了一个N-back的水平,基本上是一半。"

"在你说明结果之前,让我问你一个逻辑上的问题,"他说,"你认为,事实上,N-back和复杂跨度任务能够反映人们流体智力的差异。我有一组数据，将在明天的演讲中展示，根据研究人群的不同，N-back可能不能反映流体智力的差异。所以当你研究N-back时，你在研究流体智力的哪个方面？"

现在的状态，显然已从谈话转向审讯。

"这并不是这项研究得出的结论，"耶吉回答说，"而是从对年轻人所做的其他研究中得出的结论，N-back似乎和工作记忆能力有关，即人们能在脑海中储存多少东西，抵制干扰或控制注意力的决心有多大。"

"但你跳过了逻辑链条上的一些环节。我的意思是，干预可能真的很重要，但你没有任何直接的证据证明这一点。"

"是的，我有数据可以证明这一点。但不在这里。我们做了一些迁移能力的测量，孩子们在N-back方面做得很好，训练后做单词测试时出错也更少。只有N-back组有这样的结果，主动对照组没有。而且在'go/no-go'的试验中，他们犯的错误也更少。现在，对于迁移能力的测量，"她指着显示工作记忆和流体智力改善关系的图表说，"我们使用了综合分数，结合了矩阵推理和积木图，以及数字跨度和字母-数字序列的分数。"

恩格尔用一种怀疑的语气，仿佛她犯了什么可怕的错误似的，指着海报说："你把矩阵推理和数字跨度放在一起了？"

"不，"她纠正他说，"积木图和矩阵推理，数字跨度和字母-数字序列。"

他先指着一组，然后指着另一组说："这两种测试完全不同于那两种。这就像把苹果和犀牛混在一起。"

"我们做了相关分析和因子分析,它们似乎是相互关联的。"

恩格尔皱着眉头,就像刚刚听到谋杀嫌疑犯解释说是受害者跑向他的刀一样:"这是因子分析吗?"

"这是相关分析。我们也分别做了研究。但结果是一样的。"

"是的,是的。"他说。

"所以这里,"她指着第二个"效果"图说,"是工作记忆分数的相关性。所以我们的整体效果是——"

"工作记忆的衡量方式是数字跨度?"(数字跨度测量的是一个人能精准地倒背多少行数字。)

"数字跨度和字母-数字序列。"

"你用的是字母-数字序列吗?这是唯一可以测量工作记忆能力的东西。数字跨度主要是考察记忆力。"

"我们看到的结果是一样的,不管我们是否合并它。"

"是。"恩格尔说,下意识地摇了摇头表示"没有"。

"所以不管你训练多长时间,与不训练的人相比,你的工作记忆都会得到改善。"耶吉说。

"如果你只看字母-数字序列,会有同样的结果吗?"

"是的,"耶吉坚定地点了点头,"对于这两种推理方法,我们现在观察到了剂量效应。所以整体上看,训练还是比没有训练要好,但是——"

"现在的推理方法是什么?"

"积木图和矩阵。"

"但这两个是空间任务,"他说,"称之为推理是一种曲解。难以置信。这简直难以置信。那——那是……"他的手臂伸向她的研究结果,手腕旋转着:掌心一会儿向上,一会儿向下。

喝了一口一直拿着的塑料瓶里的水,耶吉说:"好吧,就叫它——"

"空间,"他说,"我称之为空间任务。"

"我们也称之为空间任务,"她同意这种说法,尽管正如这本书中多次指出的那样,认知心理学领域长期以来一直认为,像雷文的渐进式矩阵测试是衡量流体智力的唯一最佳方法,"所以,结果就基于两个空间任务,这次高频率训练组,就关于——"

"好吧,"恩格尔低声说,"酷。"他像日本人那样微微低下头,然后转身走开了。

就是这样。看着他离开,我为邀请他过来感到内疚,就好像我自己给耶吉设下了埋伏。

第二天早上,就在午饭前,恩格尔有机会展示他的新研究。在一个关于工作记忆的专题研讨会上,他是最后一位演讲者。他穿着一件毛衣背心,里面是一件蓝色的纽扣衬衫,袖子卷了起来。他首先回忆了自己在去年会议上的发言,用他自己的话说,当时对耶吉2008年的研究提出了"相当激烈的批评"。现在，他得出结论，N-back可能不是训练工作记忆的理想方法，他的团队试图使用复杂跨度任务进行训练。他说："当然，在你认为培训根本不起作用之前，应该试试我们这个。"

他招募了55个人，分成三组。第一组在四周的时间里进行了20次"复杂跨度"的工作记忆训练——需要记住一系列穿插着简单数学题的字母。第二组进行了"简单跨度"训练，这项训练应该不会对工作记忆产生影响——背诵一系列类似的字母，但没有数学题干扰。第三组，主动控制组，做了一种叫作"视觉搜索"的训练，这同样也不应该改善工作记忆。他的发现是：在20次训练之后，与另外两组不同的是，那些接受复杂跨度任务训练的人，在另外两项上的表现比未接受复杂跨度任务训练组的有明显改善，这为"近迁移"提供了证据，即训练可以提升工作记忆。但对于"远迁移"，改善流体智力，恩格尔说："事情很简单，没有效果。"但恩格尔还进行了一种他称之为"适度迁移"的测试，这种测试被称为"连续字母跨度"（running letter span），即大声朗读出一系列字母，然后突然停止，要求一个人记住尽可能多的字母。对于连续字母跨度，他说："我们观察到了颇为明显的效果，但很难知道这意味着什么。我不知道该如何解释这个结果。"同样地，他指出，在二次记忆测试中，他看到了"相当大的影响"。

他的结论是，"复杂跨度任务的训练，显示出了对其他复杂跨度任务的迁移。但我们没有看到任何证据表明这种现象意味着流体智力提升了"。

然后是观众提问时间。鉴于恩格尔之前的许多研究都证明了工作记忆和流体智力关系密切，第一个问题似乎是不可避免的："你如何调和这样一个事实，即训练将执行复杂跨度任务的能力提高了三个标准差，而整体流体智力却没有任何改变？"

"我要指出，"恩格尔回答说，"身高和体重之间的关系，几乎就像工作记忆和流体智力之间的关系一样。但你会认为，如果你让我变胖，我就会变高吗？我从21岁开始胖了很多，但我的身高没有增加一厘米。实验心理学家很难分析这些关联。但是工作记忆和流体智力不是一回事。这些都是可以分割的结构。"

下一个问题是接着上一个问题的追问："那么你如何看待，你进行的训练在跨度任务中表现出效果，但在流体智力测试中却没有表现出来，这是为什么？"

"你知道，嗯，一种可能性是，我不确定，"他开始说，"我没有研究证明这一点，但一种可能性是你正在学习如何更好地处理两件事。你正在学习如何保持专注。我认为，主动干预在所有这些事情中都是非常重要的因素。"

最后一个问题是一名年轻女性问他对另一项研究的看法。该研究显示，工作记忆训练可以提高阅读理解能力。

"你是在说杰森·切因的研究吗？"恩格尔问，那位女士说是的，"我对此无可奉告。杰森在吗？如果他不在这里，我不想冒犯他。如果他在这里，我会当面冒犯他。当你看那个研究的时候，你必须努力地寻找关于效果的蛛丝马迹。也许有效，也许无效。当人们以奇怪的方式分析这些数据时，会做出一些可笑的事情。这令我感到困扰。我从不评论这些论文。但我真希望有效。真的。"

在恩格尔演讲六小时后，会议的最后一次海报会议于星期六晚上举行。匹兹堡大学认知神经基础研究中心的研究人员以杰森·切因的论文为灵感，描述了针对45名说英语的人精心设计的研究。这些人，有些接受适应性工作记忆训练（随着表现的提高增加难度），有些接受非适应性训练。在一项令人吃惊的关于远迁移到完全未经训练（并且可能非常有用）的任务演示中，那些经过适应性训练的人在工作记忆方面表现出了进步，这与他们学习阿拉伯语词汇的能力提高有关。"这些结果表明，"研究总结道，"通过适应性认知训练，工作记忆能力的提高会迁移到第二语言学习中。"

心理经济学会议的规模还不到神经科学会议的二十分之一，国际智力研究学会会议的规模也不到心理经济学会议的二十分之一。据我统计，12月中旬在圣安东尼奥举行的为期三天的会议上，只有75名科学家出席。恩格尔没有参加，但耶吉被安排与其他人共同主持一个关于提高智力水平的研讨会，在那里许多高级研究人员将有机会对她进行拷问。

环顾会议室，我的第一印象是，这个团体也可以自称为"穿着蓝色运动外套的白人老人国际协会"（International Society of Old White Guys in Blue Sport Coats）。严格地说，他们并不都是男人；里面有14位女士。他们并不都很老：有些人四十多岁了，有些人是三十多岁，但他们的年龄比典型的学术会议的参加者要大得多，并且没有一个是有色人种。毫无疑问，这是由于它的一些成员有种族主义的观点，其中有两名成员在去年去世了：J. 菲利普·拉什顿（我们交流时，恩格尔曾谴责他是"最糟糕的"）和阿瑟·詹森（Arthur Jensen）。拉什顿一直被许多人斥责为疯子和怪人，就是那种把表格发给学生让他们列出阴茎大小和性习惯的人。另一位，詹森，1969年在《哈佛教育评论》（*Harvard Educational Review*）上发表了一篇论文，题为"我们能在多大程度上提高智商和学业成就？"（How Much Can We Boost IQ and Scholastic Achievement?）这份极长并且研究非常细致的论文，总共有125页，对悲观的看法进行了总结（直到近40年后——耶吉和博史库尔的论文发表之前，这一观点在许多学者中仍占据主导地位），认为基因在很大程度上决定了一个人的智力水平，也决定了不同种族之间的平均差异，因而我们对此无能为力。

尽管如此，这次会议不仅吸引了耶吉，还吸引了IARPA的亚当·拉塞尔（Adam Russell），这就像将政府版本的国防高级研究计划局用于间谍团体。他正在为一个名为"强化人类适应性推理和问题解决"（Strengthening Human Adaptive Reasoning and Problem-Solving, SHARP）的新项目寻求拨款建议。如果他们认为这个会议值得参加，我意识到跟我想法一样的人也不少。我希望看到耶吉的观点与这些保守的科学家的观点有何不同。如果连他们都相信这一点，那么除了恩格尔和他的怀疑论者小团体，还有谁会继续怀疑它呢？

讽刺的是，就在会议开始的那一天——12月13日，星期四——《纽约时报》刊登了尼古拉斯·D.克里斯托夫（Nicholas D. Kristof）的一篇专栏文章，题为"这是一个聪明、聪明、聪明的世界"。该专栏注意到了新西兰学者詹姆斯·R.弗林（James R. Flynn）的研究，他是最早观察到全球平均智商分数在过去100年稳步上升的一群人之一。在1900年得100分的人，如果到现在，根据我们目前的平均水平，得分会低于70分，低到足以被认为是智障。这种IQ分数的上升弧线被称为弗林效应（Flynn effect）——被许多人视为基因不会限制智力能力，以及社会、营养和教育环境等对智力发挥重要作用的依据。"这意味着，"克里斯托夫写道，"现在有一些潜在的爱因斯坦在刚果做自给自足的农民，或者从密西西比州的高中辍学。如果为他们提供帮助，他们可能会成为真正的爱因斯坦。"

结果，整个会议都在分析弗林效应。一些研究人员指出，几十年来，美国黑人和白人之间的智商差距一直在缩小，尽管贫富差距在20世纪后期停止缩小。杜克大学的乔纳森·韦（Jonathan Wai）表示："有才华的穷人正被甩在后面。他们依赖于智力提升项目提供的资金，但同时，我们看到这种资金的增加为零。"

这次会议的主旨演讲，是由广受赞誉的早期干预项目的创始人克雷格·T. 拉米（Craig T. Ramey）发表的。从1972年开始，该项目为北卡罗来纳州57名来自贫困家庭的婴儿——主要是非裔美国家庭，提供了五年强化的、高质量的儿童护理和教育激励，并将其结果与54名来自类似背景，只接受营养补充剂、社会服务和健康服务的婴儿进行了比较。在他们30岁的时候，这些强化治疗组的人从四年制大学毕业的可能性是对照组的四倍，在过去七年中需要公共救助的可能性比对照组低五倍，参与犯罪的可能性明显降低，并且成为父母的时间推迟了近两年。然而，他们智商的增长却很有限：整体智商分数只提高了4.4分。一些研究人员认为，这些结果证明，无论项目的强度（和成本）如何，想要影响智商是非常困难的。但是拉米在他的演讲中说，这些批评是无关紧要的，因为这个项目给受资助者的生活带来了巨大的改善。

"我们现在为贫困儿童所做的，是对我们所知道的有效方法的苍白模仿，"他告诉该组织，"像我们这样的项目可以在美国的任何地方运行，每个孩子每年的平均费用约为1.1万美元。所以,你可以说我们支付不起,是吗?但当他们长大以后,我们能够支付得起把他们关进监狱的费用;当他们从学校辍学时,我们可以为他们支付特殊教育的费用。我计算出,像我们这样的项目,每投入一美元的回报至少是四美元。经济上的争论是一个转移注意力的话题,并且被那些不能容忍帮助贫困儿童想法的倒退的保守派拖上了舞台。如果我们在20世纪50年代对公共卫生采取现在同样的立场,我们身边仍然会有儿童在铁肺中度过一生并死于脊髓灰质炎。"

尽管他的论点很有道理,这个早期的项目也很有益处,但我突然想到,在美国或其他任何国家,政客们批准一项每年花费1.1万美元为每个贫困学龄前儿童提供教育的计划的可能性几乎为零。当然,丰富的环境对孩子们有好处。谁能质疑这一点呢?但让纳税人为这样一个项目提供资金则完全是另一回事。这就是为什么认知训练,如果真的有效的话,是如此吸引人:它可行,高效,物美价廉。

随着会议的进行,两名独立工作的研究人员——加州克莱蒙特研究生大学的克莱顿·斯蒂芬森(Clayton Stephenson)和波兰克拉科夫雅盖隆大学(Jagiellonian University)的爱德华·内卡(Edward Necka),各自提交了一项新的研究,表明工作记忆训练能提高智力。哈佛医学院的尼古拉斯·兰格(Nicolas Langer)也提出了一项精心设计的研究,表明工作记忆训练可以促进大脑功能发生有益变化。

在会议最后一天的上午，耶吉主持了关于提高智力的专题讨论会。第一个演讲者是厄尔·亨特（Earl Hunt）——华盛顿大学心理学已退休的荣誉教授。亨特回顾了20世纪80年代的研究。塔夫茨大学的雷蒙德·尼克森（Raymond Nickerson）和亚利桑那州立大学的玛丽莲·卡尔森（Marilyn Carlson）都证明，批判性思维可以帮助孩子解决复杂问题。"其中一个策略，"亨特说，"就是在你试图解决问题之前，先自己描述一下问题。这是一个非常好的生活策略，它产生了实质性的帮助。20世纪80年代尝试的另一种方法，是委内瑞拉智能项目（Venezuela Intelligence Project），这个项目如今几乎完全被忽视了。这个国家试图通过教授思考方法来提高他们孩子的智力。结果是：孩子们的智力测试分数显著提高了。但当委内瑞拉的政治环境发生变化时，这个实验就结束了。"

亨特说，委内瑞拉并不是唯一一个不赞成教授批判性思维的地方。得州共和党在2012年的竞选纲领中写道，它反对"教授更高层次的思维技巧……批判性思维能力和类似的项目……因为它挑战学生的固有信念，破坏家长的权威"。

"所以我最好快点进入下一个话题，"亨特打趣道，"在得州游骑兵把我从讲台上带走之前。"

下一位发言者是罗伯托·科罗姆（Roberto Colom），他是西班牙马德里自治大学的心理学家。他展示了和耶吉合作的一项新研究的结果，该研究涉及56名成年人。其中一半被分配接受为期四周的双重N-back训练，另一半作为对照组。那些接受训练的人，功能性磁共振成像显示大脑中与智力相关的区域的结构在整合性上有了显著的改善，但对照组没有。此外，研究人员还发现，训练组的流体智力也有所提高，尽管他们的成绩比具有统计学意义的分数低了一个百分点。

然后，耶吉走上台，对她2008年发表论文以来的研究领域进行了概述，回顾了数十篇复制她研究方法的论文。"我们真的认为，现在，我们思考的问题不应该是认知训练是否有效，而应该是对谁有效以及为什么有效，"她说，"还有很多事情我们不知道。潜在的认知机制是什么？需要做些什么来增强这种影响？是否需要加强训练来维持效果？最重要的是——这一点深得我心——这些进步在多大程度上影响参与者的学业成绩和其他现实生活成果？"

下一位发言者是理查德·J.海尔（Richard J. Haier），他是加州大学欧文分校的心理学家，多年来一直在研究人类智力的神经基础。他的演讲题目是"智慧、冷聚变和暗物质"（Intelligence, Cold Fusion and Dark Matter）。

海尔表示："如果苏珊发表的第一篇论文的标题没有包含'流体智力'这个词，如果她只是稍微换一种说法，我认为都不会引发太多的争议。与兰迪·恩格尔无关，当我第一次看到这篇论文时，我想，'这就像冷聚变'，这不可能是真的。但无论我们承认与否，提升智力是我们所有人都在努力追求的事情。很明显，我们正在通过药物，从生物学上逐步实现这一目标。"

他接着说，海尔使用了几十年前心理学家创造的术语"g,"来形容智力是一种生物构造。

"让我谈谈暗物质，"他说，"研究 g，就像研究宇宙学。它们都包含重大的课题。在宇宙学中，最大的谜团之一是暗物质的性质。因为暗物质是由方程推导出来的，没有人见过，没有人测量过。物理学家知道它是存在的，就像 g,一样，不是吗？我们推断它，但没有直接的方法来测量它。我们所有的心理测试，每一个，都是 g,的估计值，g,的间接估计值，所以要回答我们是否可以增加 g,值，我们真的没有工具。标准的心理测量工具不足以回答这个问题。但是现在，随着现代大脑成像技术的发展，我们开始有能力测量大脑周围每毫秒的信息流动。我认为这将是智力研究的一个过渡时期，关注的是能否提高 g,值。我认为现在已经有了回答这个问题的工具，把所有这些放在一起真的很令人兴奋。"

海尔发言结束后，现场接受了观众的提问和评论。道格·德特曼（Doug Detterman）是出席会议的年纪较大的研究人员之一，也是《智能》杂志的创始主编，他是第一个发言的。此前新闻曾报道他对训练表示过严重怀疑。

"并不是人们不希望它成功，"他说，"这里的每个人都想找到提高智力的方法。但你从我们这些老家伙这里听到的怀疑与我们心碎的次数有关。之前有很多案例，可能是几百个案例，声称发现了突破，结果证明它们在方法论上有缺陷。因此，在研究中考虑方法论问题是非常重要的。我希望它成功。我只希望我们的心不再破碎。"

英国伦敦大学学院的詹姆斯·汤普森（James Thompson）此前发表的研究表明，一个国家的平均智商与其经济产出有关。

"谢谢你给我展示了 N-back 测试，"他说道，声音里洋溢着正统英国绅士的上流社会口音，"这是多么可怕的生命浪费啊！任何有点脑子的人都不应该参与这种事情。这完全是浪费时间。我就要说脏话了。看看这些年来我们听到的一些无稽之谈吧。还记得睡眠学习吗？人们带上小耳机，希望在睡觉时学习。这是不劳而获的梦想的一部分。请别再做这种事情了。拜托。"

科罗姆拿着一个便携式麦克风问道："詹姆斯，你每周去健身房三四次是为了保持身体健康吗？"他把麦克风还给了汤普森。

"这是个私人问题，"汤普森说，"对于一个英国人来说，这是非同寻常的。我坚持游泳已经八年了。这对我没有任何效果，但我还是去了。"

"我不太同意，"德特曼说，"我认为做这些事情是恰当的，即使效果不是很好。因为我认为我们学到了很多，我们也学到了很多关于有效方法的知识。"

一位秃顶的研究人员坐在后面，戴着眼镜，留着整齐的白胡子，拿起麦克风。

"我想我现在是一名合格的老研究员了，"他说，"但我并不是怀疑论者。当你结合过去 15 年在神经心理学中取得的大脑可塑性的所有知识来思考这项研究时，只要你相信大脑可塑性，就应该相信有训练某些大脑功能的方法，这一点是毋庸置疑的。现在，工作记忆方面的研究时间还相对较短。期望我们能够在短时间内识别出所有的有效方法，显然是不合理的。但我认为，早期的结果带来了希望。这种研究应该继续下去。我们应该继续积极识别和描绘出至关重要的因素。"

然后德特曼问了也许是这次会议上最大胆的问题。在介绍耶吉的时候，他说："你的名字该怎么读？"

"我的姓吗？"她说，"YAH-kee。"

"是苏赞还是苏珊？"

"苏珊。"她说。

"谢谢，"德特曼说，"这很重要。"

第四次会议也是规模最小的一次会议，目标是对大脑训练这一年轻的领域进行最终的总结，或者说是最后一次打击。包括耶吉和恩格尔在内的15位该领域的领导者，计划在2013年6月10日这一天展示和捍卫他们的最新发现。这次会议由哈罗德·霍金斯安排，他是美国海军研究办公室的项目经理，是过去几年该领域研究的主要资助者。会议邀请了大约20位嘉宾，其中包括穿着制服的海军军官，他们想弄清楚投入的资金是否会培养出更聪明、更有能力的海军军人。

"这是一个安全管制场所,"霍金斯在早上八点准时召开会议时提醒大家,"你们应该把活动限制在这个房间、走廊和卫生间。"

他坐在一张长长的红木会议桌的最前面,15位拨款受益人围坐在桌旁,我们其余的人靠墙而坐。我们当时在弗吉尼亚州阿灵顿的一栋大楼的八层,这是奎奈蒂克北美公司的行政会议室。该公司是一家私营公司,曾隶属于英国国防部下属的评估与研究署。

虽然我和霍金斯通了很多次电话,但这是我们第一次见面。他在我的脑海里的形象是身材魁梧的海军陆战队队员,但霍金斯身材瘦削,头发花白,脸颊凹陷,眼睑红红的。

"我们将听到,我在大脑可塑性和认知准备方面进行的一项相当大的投资的成果。"他说,"我对大脑可塑性研究的兴趣可以追溯到一篇文献。该文献表明,经过一段短暂的训练,年轻人有可能提高一些认知能力、执行控制能力,甚至可能提高智力的某些方面。如果这是真的,将对军队和整个社会产生非常深远的影响。我想再现和扩展文中的发现。我想了解神经生物学和认知过程背后的机制。这也影响了我对核心项目的一大笔投资,资金使用也是依据上述判断。"

他说,问题在于不同研究者的研究结果并不一致。"就流体智力而言,有些人取得了相当好的效果。其他人没有取得任何效果。这一点很重要，因为它事关训练是否会影响我们的能力，进而影响我们的认知。"

然而，军队的最高层仍然对研究有持续的兴趣。"几乎所有的军事和海军作战都强调认知弹性的重要性，"他说，"认知训练在军方决策者看来非常可取。"

尽管如此，霍金斯强调需要有明确的结果，以便将研究转化为可靠的海军人员的训练计划。"在过去的10年里，"他说，"我很幸运地将很多研究项目都转化成了系统训练项目，这些项目目前正在舰队中使用。"他讲述了一个作为案例。在他的支持下开发的模拟程序，现在被海上作战指挥官和50多名支援人员使用，模拟战争场景中部署快速攻击艇、水雷、鱼雷、导弹、潜艇等，一切必须同步进行。霍金斯说："你必须同时处理好所有这些资产。除了我们开发的这个项目，没有其他任何针对这些情况的训练。这是一件大事。这是我特别引以为豪的事。所以我的客户不只是你们，还有整个舰队。我对此非常严肃认真。"

第一个发言的是伊利诺伊大学研究员阿特·克莱默，关于他把心血管训练作为一种提高认知能力方法的研究，在本书第四章中有介绍。他说，他的军事研究可以追溯到30多年前，那时他与人合作开发了《太空堡垒》（Space Fortress），这是一个计算机上的训练项目，当时是开创性的，但现在看来已经过时得可笑。即便如此，他指出，"这是唯一一款模拟现实世界中军事飞行的游戏"。在他的最新研究中，克莱默选取了20款可以在网上免费获得的认知训练游戏,并正在评估哪些游戏最适合提高特定的能力,目标是能够根据特定的需求定制特定类型的游戏。

上午九点刚过,恩格尔从耶吉旁边的椅子上站了起来,走到房间前面去做报告。恩格尔没有像往常那样对他人的研究提出批评,而是积极地谈论他正在进行的训练注意力控制的新研究。他特别感兴趣的是"更新"——一个人快速、不断刷新他或她的关注对象的能力。

"这种更新能力真的很关键,"他说,"如果我们重视训练,就必须重视这种能力。我认为海军新兵和我们所有人都可以做得更好。更新是一个很好的自恰的变量。目前的关键是找到更新能力的哪些方面可以推广应用。"

恩格尔没有继续在工作记忆训练的血腥战场上战斗,而是转向了一个没有太多人涉足的地方——注意力更新训练,在那里他可以竖起自己的旗帜。

但这并不意味着没有人继续留下来与工作记忆训练做斗争。恩格尔的讲话一结束,马里兰大学的心理学家迈克·多尔蒂(Mike Dougherty)就开始了。多尔蒂描述了两项关于工作记忆训练的大型研究,一项涉及121名大学生,另一项涉及132名大学生。

他说,第一项研究似乎表明,训练成果能够被迁移,用于改善未训练任务。"我们一开始对这个发现相当乐观,"他说,"因为看起来我们发现了相当好的迁移。问题是我们所有的迁移任务都与训练任务具有相同的刺激属性。这导致我们无法了解迁移的真正范围。"

在第二项研究中,他发现,"人们只在训练的项目上有所提高。在N-back上训练的人只在这一项目上有进步。在空间任务上训练的人,在其他空间任务上有所提高,但除此之外没有迁移效应。我们也没有发现交叉迁移效应。实际上,在阅读方面,我们的训练组反而变得有些愚钝了"。

多尔蒂系着领结,戴着眼镜,穿着格子夹克,留着短发,让我想起了20世纪60年代的一位NASA工程师。他使用的高深的统计方法看起来很像一位火箭科学家的计算,宇航员的生命依赖于他的计算。根据他的第二项研究,工作记忆训练没有转化到一般的、未经训练的能力上的几率超过八成。

"即使你事先相信工作记忆训练有效,"他说,"根据我们的数据,你现在也应该持稍微悲观一些的观点。"

恩格尔是第一个发表评论的人。"我不悲观,"他说,"我很乐观。我们可以确定非常具体的任务。如果你去参加哈罗德在一开始给我们展示的训练项目,指挥官必须决定派出潜艇还是船只,每一个多任务处理的过程都是可以理解和可观察的。我们可以识别这些模式并逐一教授他们。"

乔·钱德勒(Joe Chandler)是俄亥俄州代顿市海军医学研究部门的一名年轻研究心理学家,他坐在靠后墙的位置,举手发言。

他说："我并不认为，向未受过训练的能力迁移有一些人认为的那么重要。你可以带他们去健身房，教他们做深蹲，但这些深蹲不会提高他们做弯举的能力。但他们仍然会做得更好，因为他们的稳定性会变好。"

卢·玛泽尔（Lou Matzel）作了下一个报告，宣布了他在神奇老鼠身上的最新研究结果。在一组新的实验中，不仅在双迷宫中进行的工作记忆训练提高了它们的一般智力，在跑步轮上进行的12周运动训练也提高了它们的智力。他最引人注目的新发现是，同时进行工作记忆训练和运动训练的老鼠的总体智力，比只进行其中一项的老鼠增加了两倍多。事实上，同时做这两件事的结果比单独做这两件事的效果之和还要大。

玛泽尔说："这可能有重要的意义，因为这与我们人类通常做事的方式截然不同。典型的大学生会花九个月的时间学习、喝啤酒、追女孩子，然后在暑假锻炼三个月。看起来，最好的结果来自运动和学习的结合。"

俄勒冈大学的迈克·波斯纳对正念冥想的研究在本书的第四章中有介绍，他是午间休息前的最后一位发言者。波斯纳的声音洪亮有力，与20世纪50年代开始电影生涯的演员马丁·兰道（Martin Landau）极为相似。

"根据我们的理论，正念冥想与身体活动类似，它会改变大脑的状态，"他说，"工作记忆训练和冥想涉及大脑的不同区域。它们似乎有不同的解剖学结构。如果把它们结合起来，是否会产生某种协同效应，这个问题似乎值得研究。"虽然他没有做过这样的研究，但他展示了在得克萨斯州对60名成年人进行正念冥想随机试验的最新结果。一半的参与者是吸烟者，一半是非吸烟者。尽管他们从未被告知这项研究的目的是减少他们的吸烟量——并且他们中没有人打算戒烟——但根据呼吸分析仪的测量，被分配到冥想组的人的吸烟量下降了60%。

又一次，恩格尔是第一个站出来支持训练的人。他说："注意力控制，在包括酗酒在内的一长串精神病理表现中发挥着重要作用。如果你专注于注意力控制，我预计改善效果会有很多外溢之处。"

波斯纳说："我们从正念训练中首先看到的是注意力网络测试中的冲突解决能力的提升。"

恩格尔说："在这一点上，我们的研究也显示出训练的巨大成效。"

这个人还是恩格尔吗？

⦁—⦁

午饭后，波斯纳在俄勒冈大学的同事埃德·沃格尔（Ed Vogel）用免提电话在会议上发表了讲话。"我妻子和我随时都在准备迎接新生儿的诞生，"他说，"所以如果我冒昧地结束我的演讲，还请您原谅。"

沃格尔用模糊的声音喋喋不休地谈论着我们的注意力容量是如何每分钟、每小时、每一天都在变化的，这取决于我们所处的环境，我在努力保持清醒并倾听。在一项涉及495名本科生的研究中，他得出的关键结论是，当要求他们记住的东西太多时，工作记忆能力较低的人往往会完全走神。尽管他们能像工作记忆能力高的人一样记住三种东西，但一旦要记住的东西达到四种或更多，他们的记忆准确率就会急剧下降到只能记住一到两种。

"干得好，埃德，"恩格尔说，"你让我注意到过去15年来我在实验室里发现的一些东西。随着任务变得越来越难，低跨度在某些时候基本上就放弃尝试了。（恩格尔所说的"低跨度"指的是工作记忆持续时间较短的人，也就是工作记忆较差的人。）"我在1992年发表的一篇论文中提到，当跨度任务变得更困难时，我们让人们按一个键。当高跨度的人达到他们的能力顶峰后，他们还是会不断地努力尝试，但低跨度的人就立刻停下来了。这是一种放弃。"

"你的研究启发了我，"沃格尔回答说，"在我们最近的一些实验中，我们一直在测试一种帮助能力低的个体的策略。我们给他们六种项目，但不是让他们记住全部六种，而是告诉他们每次至少记住三种。这似乎提高了他们的平均表现。我们并不一定要让能力低的人变得更聪明，我们只是想让他们变得不那么愚钝。"

快到下午四点的时候，约翰·乔尼德斯（John Jonides）介绍了他与耶吉和博史库尔合作的一项新研究的结果。他是后两个人在密歇根大学的前任导师。自从一年半前我在密歇根第一次见到他们以来，他们一直告诉我，他们认为付钱让人参加训练研究会降低参与者的表现。在早期的研究中，他们只付给参与者很少的钱，或者什么都没给，而训练的效果是最好的。然而，恩格尔付给参与者高达350美元的费用，结果发现效果要差得多。他们认为，恩格尔研究结果不佳的一个可能解释是，那些为了获得报酬而报名参加研究的人，并不是出于内在动机，因此并没有真正地投入到训练项目中。乔尼德斯的研究小组开始验证他们的假设：他们招募了两组人参加同一个N-back训练研究，其中一组的传单上写明给坚持训练到最后的参与者350美元，另一组的传单上不提供任何资金，但明确承诺有"大脑训练"的可能。

"这就是我们的研究结果，"乔尼德斯一边说，一边点击幻灯片，"那些在N-back测试中表现更好的人，他们流体智力测试的衡量也体现了迁移效应。但对于有报酬还是没有报酬的人来说都是如此。所以我们的假设是错误的。有没有钱并不重要，这让我们感到惊讶。但现在我们知道付给参与者报酬没有害处，我们会更容易吸引参与者来参加我们的研究。"

这就是科学的厉害之处：事实胜于雄辩，即使它们让科学家失望。但是，现在恩格尔公开承认，某些训练可能最终会奏效，看来似乎乔尼德斯、耶吉和博史库尔是自讨苦吃了。

当天倒数第二个演讲者,是天普大学心理学家杰森·切因,他之前的研究工作曾在心理学研究会议上遭到恩格尔的诋毁。切因提出了一项基于视觉空间工作记忆的新研究。参与者练习观看三维立方体的二维图片,这些立方体像积木一样连在一起,然后必须判断某一张图片是自己观看的立方体,还是别的立方体。

"人们在这项任务上做得更好,"切因说,"但我们没有看到它的效果迁移到另一项工作记忆任务上。我希望能成功。这太令人失望了。"

哇——哇——该死的乌鸦!

但是切因还要介绍另外两项研究。在下一个实验中,他训练人们掌握快速指令任务学习(rapid directive task learning, RITL)。这学起来很简单,但描述起来有些困难,但本质上来看,他们试图利用人们的能力来遵循一组随机的指令,比如"只有你在电脑屏幕上看到的四个单词都有两个音节,并且描述了无生命和绿色的对象时,才按L键,但如果这四个单词都以相同的字母开头,就不按L键"。

"我们之前已经看到,工作记忆训练很好地迁移到了认知控制上,"切因说,"本次实验很好地复制了之前的结果。RITL训练有助于执行斯特鲁普任务。过去,我们没有观察到训练向流体智力迁移。这里我们发现了最轻微的迹象,训练效果正在迁移到流体智力。我们在雷文的渐进式矩阵测试上没有看到什么变化，只在卡特尔测试上看到了一点迹象。但结果还没有强大到具有统计学意义。但这是我第一次看到指针在动。"

他的第三项也是最后一项研究，是将工作记忆训练与经颅直流电刺激相结合。仅仅10天的训练后，"我们看到了训练本身的显著效果，当它与tDCS结合时，效果变得更强"。

当天的最后一位发言者与切因合作进行了一些最新研究。与恩格尔、霍金斯、克莱默和波斯纳一样，沃尔特·施耐德（Walt Schneider）也是这一领域的元老级人物，尽管他无疑拥有最杰出的、最适合黄金时段的形象，并在《60分钟》（*60 Minutes*）节目中讨论了他对动物科学家、作家、自闭症活动家坦普尔·葛兰汀（Temple Grandin）大脑的功能性磁共振成像研究。他是匹兹堡大学的心理学和神经外科教授，也是该校学习研究与开发中心的高级科学家。他还是这次会议上为数不多的几个我从未与之交谈过的研究者之一，所以我非常期待听到他的观点。

"我一直坐在这里听这些关于工作记忆的演讲，"他说，"我想用体育训练来做类比。军队在体能训练上花了很多钱，他们非常擅长这一点。他们可以使新兵的上半身力量增加三倍。同样的训练也能提高新兵的整体健康、注意力、毅力和纪律性。这很容易实现，而且成本很低。现在，在工作记忆方面，伴随更大的努力，我们也看到更强的迁移效应。我认为，这是我们在训练方面取得成功的标志。我认为现在的情况就像一个杯子里的水已经超过一半。我从没想过我们可以用杰森刚才描述的任务来改变工作记忆。1977年，我说过工作记忆容量不会改变。但是话说回来，如果你的背部有问题，在1950年至1999年期间，你的医生会建议你卧床休息三天。现在他们会说，起来走走。所以科学在一直向前发展。"

"现在，从今年夏天开始，我将招募12名受过脑外伤的军人。我需要知道哪种任务最适合哪种缺陷。他们中的有些人，为了国家放弃了两个标准差的智商。从120到90，从经理到职员。我需要知道如何评估他们，以及哪些任务对他们最有帮助。我需要你们的帮助。我必须这么做。我们没有条件再等20年。"

结束的不仅是会议，还有我关于一门新科学诞生的故事。你自己判断吧，但从我的角度来看，像耶吉、乔尼德斯、博史库尔、波斯纳、克莱默、梅泽尼奇和克林伯格这样的科学家推翻了正统观点，即我们的大脑是与生俱来的，无法被改进，变得更聪明只是白日梦。恩格尔曾说，他的少数几项研究没有显示出任何效果，这是终结的开始。相反，尽管他一如既往地对一些研究人员的工作做出严厉的批判，但他开始转变为相信训练可行的人——即使只是针对他自己特殊版本的注意力训练——从我的角度看，这标志着开始的终结。

这个领域还有许多工作要做。目前还没有人能确切地告诉沃尔特·施耐德如何最好地衡量受伤战士的缺陷,也没有人知道正在研究和销售的众多训练项目中,哪一种最适合治疗他们。我没办法告诉你是尝试 Lumosity 还是 LearningRx,是冥想还是锻炼,是学习一种乐器还是让你的大脑接受电击。然而,我可以自信地说,将运动与纯粹的认知训练方法结合起来,可能会比单独进行两者效果更好;做一些新的和极具挑战性的事情,而不是坚持旧的生活方式,可能会让你在无数个方面获得回报;科学证据强烈表明,训练你的工作记忆和注意力可能会提高整体心智能力和学习能力。

试想一下,如果我们在公共汽车、火车和飞机上看到的人不是在智能手机上浪费时间玩纸牌游戏,而是通过玩工作记忆游戏让自己变得更聪明;试想一下,如果近十分之一正在服用兴奋剂药物来治疗多动症的男孩,有一个非药物选择来提高注意力和学习能力;试想一下,如果中年工人和退休人员能够恢复年轻时的认知速度,如果贫民区的贫困儿童能够通过简单的训练方案以可接受的成本提升智力。

这些将不再是幻想。尽管一个世纪以来,一直有人对此持怀疑态度,但大脑训练并不是虚假的:科学家们已经对此进行了测试,进行了争论,并达成了一个共识——你真的可以让自己、孩子或父母变得更聪明。

这正是我努力要做的事情。

第十一章　期末考试

我对智力的兴趣，比我写下来的还要浓厚。当我在三年级的时候，我还不识字。我还记得坐在惠蒂尔学院布朗宁夫人三年级的教室里，她走到我桌前，想让我读几句恋爱小说里的句子。她指着一个单词让我念出来。

"Tuh-hee。"我说。

"The。"她纠正我说，就在那一刻，我学会了读"The"这个词。

20世纪60年代，我在新泽西州的蒂内克长大，布朗宁夫人礼貌地称我为"慢性子"。在家长会上，她竟然告诉我妈妈："丹尼尔学东西很慢。"午餐时间，我坐在体育馆，和那些愚蠢的孩子——原谅我使用这个词——在一起。在学习阅读和数学的时候，我被归到他们一组——"迟钝组"。

然后，在四年级的时候，《蜘蛛侠》拯救了我。我最好的朋友丹·费格尔森住在这条街区的另一头，他上幼儿园时就在阅读章节书。彼时，他开始与其他的孩子一起，阅读《蜘蛛侠》和其他漫威漫画；他们开始一起画画，创作自己的漫画。作为对这个可恶的入侵者绑架了我最好的（我承认，也是唯一的）朋友的回应，我也开始看漫画，然后开始在我自己的书上乱涂乱画。不久以后，我和丹·费格尔森每天下午都高高兴兴地在我们的杰作上消磨时光，而那个可恶的闯入者从此杳无音信。我们甚至说服了费格尔森的父亲费格尔森博士（愿他的灵魂安息），拍摄一部由我们编剧的八个超级英雄的电影，名为《鲍勃猫与蝙蝠vs.消失者！》。

到了六年级，我的成绩就变成了A。

那么这期间到底发生了什么？布朗宁夫人说得对吗？我在三年级的时候真的"慢"了吗？后来我变聪明了，是因为沉浸于阅读和创作漫画书吗？《蜘蛛侠》对我的帮助，就像国际象棋对朱莉·比斯凯诺一样吗？

———●—●———

2013年1月13日，星期天，我冒着严寒走进明尼阿波利斯市的图书馆，准备重新参加门萨智商测试。我原本希望在三个半月的训练中取得足够的进步，以获得会员资格，但在去年11月，当我得知自己已经通过了第一次考试、具备会员资格时，这个希望已经破灭了。令我惊讶的是，根据第一次测试，我的智商是136，位列前2%。（有趣的是，这几乎与1975年根据我的综合

SAT分数计算出来的智商分数相同。）现在我想知道的是，第一次考试的分数是侥幸，还是实际上我可以再把分数提高。

几个星期后，一个信封到了我在新泽西的家里。在门萨准入测试的基础上，我发现我的智商分数从136分变成了137分，提升了一分。据估计，这足以让我跻身前1%。但我很失望。这不就证明了，尽管我付出了这么多努力，但大脑训练不起作用吗？

接下来，我飞回圣路易斯，让迈克·科尔对我的大脑进行另一次功能性磁共振成像扫描，以消除再次被绑在那台机器上的恐惧。几周后，他给我发了一封电子邮件，报告说他没有发现我前额叶皮层与大脑其他部分的连接发生变化。尤其令人失望的是，因为在1月的第一周，当我已经放弃让我的大脑接受tDCS的希望之后，哈佛大学神经学副教授、斯波尔丁康复医院神经调节实验室主任费利佩·弗莱格尼（Felipe Fregni），最终同意让我接受连续三天、每天三次、每次20分钟的治疗。正如预料的那样，在头皮上敷药的时候，我只感到一阵刺痛。第二天，我在N-back上的表现跳到了历史最高点。不过，他和其他研究人员测试过的案例中，治疗至少进行五天，且通常认为10天最有效。但弗莱格尼和我只能在我进行门萨测试的三天前找到我可以接受治疗的时间，所以，正如他预测的那样，持续效果显然可以忽略不计。

即便如此，在接受了第三次tDCS治疗后，我坐在康复医院的自助餐厅里，还是有机会反思"康复"和"自我提升"之间的区别。那天下午,我在七楼看到一个年轻人正在训练使用机械腿。"一步,"他旁边的教练一直在说,"再一步。"我想要达到的目标,与那个"残疾人"的目标有什么不同?不管我们怎样和别人比较,难道我们不都是站在自己的起跑线上,在变得更好或更坏之间摇摆吗?

接下来等待我的,是马里兰州的博史库尔对我的流体智力进行测试,时间分别是1月15日(星期二)和1月16日(星期三)。在新泽西的高速公路上开车时,我回想起我所经历的一切。

正念冥想失败了。嘿,一个人的生命只有这么多的时间。

另外,学习弹鲁特琴,让我感到惊奇。仅仅三个月后,我就可以阅读乐谱自学新的曲目,还可以演奏几首在我听来非常美妙的乐曲。我看着自己的手指在动,好像它们是别人的。说实话,我不相信我取得了这么大的进步,也不相信鲁特琴的声音听起来这么美妙。但它让我实现了20岁时的第一个梦想,这绝对是令人激动的事情。

使用尼古丁贴片,很难知道效果如何。直到我完成了整个训练过程并开始写这本书的时候,我才有些感觉,真的——当然不是喝咖啡时那种明显的兴奋感。但我必须说,一旦我深入写作过程中,我肯定会觉得——这可能是一种安慰剂效应——当我贴上贴片的时候,比我不贴的时候更专注、更高效。也许这一切都是我的臆想,但我能回忆起来,有那么几天的时间,特别是当我真的迷路了、在原地打转的时候，我才意识到，那天我忘了用贴片。谁知道呢，但不管它能带来多大价值，似乎有帮助。

至于亲爱的帕特西的新兵训练营，也不再是地狱。我很快就积累了足够的力量和耐力，几乎可以跟上班里的大多数人，但即便是他们，也认为新兵训练营永远是地狱。然而，我终于在五年内第一次把体重降到了86千克以下。2013年5月25日，当我完成春湖八千米跑的时候，我把去年的跑步时间缩短了十多分钟。我的平均血糖水平、血红蛋白A1C也明显改善了。

在Lumosity上，我的"大脑表现指数"从2012年10月12日的274点，到2013年2月5日训练的最后一天达到1135点的顶峰——比之前高出三倍多。与同龄人相比，我的排名也大幅上升，从开始时的第43百分位上升到最后的第93百分位。增幅如此之大，我不得不假设其中有一些忽悠的成分，只是为了让我和像我这样的人感觉良好。并不是他们篡改了数据；我每天都能看到每项任务上的进步如何使我的总分略有提高。但就在我在某一款特别艰难的游戏上停滞不前时，系统似乎总是能很合宜地推荐一些新游戏，然后我便又开始快速攀登。而且，无论是否取得了任何进步，似乎只要简单地玩一会儿游戏，这个程序就会给玩家们一些分数。也许所有这些都是有意义的，特别是如果想让人们保持玩下去的动力。但是认为我的大脑现在的表现比刚开始的时候好了三倍，或者我聪明了三倍，显然是荒谬的。

最后，在双重N-back任务上，我的成绩可以与耶吉和博史库尔在50岁以上人群中记录的成绩媲美：刚开始的时候，我和其他人一样努力，只是想在10月份开始时掌握2-back水平，到了1月份，我已经可以很平常地冲击5-back。这比Lumosity上的任何游戏都要困难得多，需要更多的自我激励，这也是对一个专业作家的基本要求。一般来说，我的情绪和睡眠时间对我的成绩有明显的影响，但有时，当我感觉最糟糕、疲惫和脾气暴躁时，我的成绩仍然有所提高；有时，当我感觉最好的时候，成绩却会下降。在过去的几个星期里，我完全停止了进步，我从来没有冲击过6-back。这让我想起了自己小时候打篮球，打保龄球，从来没有好到哪里去。我只是不擅长这些游戏，就像我不擅长大多数运动。这就解释了为什么我在十几岁时就放弃了运动，直到20岁才开始慢跑，因为它完全不需要什么技巧。

这难道不是生活教会我们的吗？我们发现自己在儿童和青少年时期擅长什么，就坚持做什么。高中一毕业，我们中的大多数人就会尽量远离自己讨厌的事情。讨厌英语课的人忘记了读书；觉得体育课是一种折磨的人，余生都避免运动。在我开始训练计划之前，我坚持做一名记者，写很多东西，读很多东西，因为那是我擅长的。我从这个训练过程中学到的最重要的一点是，去做我不擅长的事情。我发现这是一种释放，一种鼓舞，如果我能以某种方式提高自己的认知能力，我相信，至少在某种程度上，是因为我在学习新事物，无论这些新事物是不是心理学家专门为提高智力而设计的。

于是，我开着车，沿着新泽西收费公路，上95号州际公路，来到华盛顿特区外的马里兰大学，在那里，博史库尔又对我进行了一天半的折磨。然后我等待着。两周后，他把结果通过电子邮件发给了我。

坏消息是，在"表面开发"测试中，你必须弄清楚一个盒子的平面图组装起来的样子，我的正确率已经从23%下降到了13%。根据博史库尔和耶吉的早期研究，本科生参加这项测试的平均正确率为65%。

所以，一开始我就比孩子们笨，后来我变得更笨了。

但是在"空间关系"和"BOMAT"任务中，我的正确率持平，前后都没有变化，分别是37%和67%。我在"空间关系"上的正确率比一般学生的略低，而在"BOMAT"上的正确率略高。

剩下的三项测试，情况要好多了。在数字符号任务中，我的正确率从36%上升到了40%。在"形状板"测试中，我的正确率从40%上升到了55%，这让我的成绩几乎与本科生的平均分持平。在雷文的渐进式矩阵测试中，我的正确率从67%上升到了78%，只比本科生低了一个百分点。

退一步来看，即使算上我在"表面开发"任务中奇怪地崩溃，我的综合正确率仍然上升了3%。然而，一种更公平的衡量变化的方法是按比例来衡量，因为如果你从3开始以6结束，绝对数字3的增量是非凡的，但如果你从97开始以100结束，绝对数字3的增量是微不足道的。按比例计算，我在他们最先进的一套流体智力测量系统上的综合正确率上升了6%；在智商测试黄金标准雷文的渐进式矩阵测试中，我的正确率上升了16.4%。

这是否意味着我比别人聪明3%、6%或16%？随你选吧，不管怎样，我的流体智力明显被提高了。

所以呢？这些只是测试中的数字。最后，对我们所有人来说，对认知能力最好的测试是没有答案的测试。它叫作生活。

从1986年至1989年，玛丽莲·沃斯·莎凡特（Marilyn vos Savant）以190的智商被列入《吉尼斯世界纪录大全》（Guinness Book of World Records），成为世界上智商最高的女性。从那以后，她做了什么？她一直在撰写《游行》（Parade）杂志的"问问玛丽莲"建议专栏。我的意思是——是**认真**的吗？

如果智力是根据我们的所作所为来计算的，那么你手里就掌握着我的唯一最佳衡量标准。我每天的训练充满各种有目的、有挑战性的任务：新兵训练营、鲁特琴、N-back、Lumosity。（我的编辑告诉我，当时我发给她的一些电子邮件"能量惊人"！）任务很艰巨，但过程很有趣。我和妻子、女儿相处得更融洽。我再也不会上车后才意识到忘记带公文包了。在同一段时间里，我在全国各地参加了十几次科学会议，自己预订了所有的机票、租车和酒店，但没有想象中的倍感压力和不知所措。然后我写了这本书。听上去像是陈词滥调，但我能够告诉你什么呢？

我感觉自己变得更聪明了。

致　谢

首先感谢阿尔贝托·科斯塔在2009年12月让我相信，他和其他人正在做的研究是为了寻找一种治疗方法，来提高唐氏综合征患者的认知能力。这个故事被记者们忽略了，但值得更广泛的公众关注。我还要感谢他可爱的妻子黛西和女儿堤喀，以及参与他研究的各个家庭，是他们允许我进入他们的生活。我也要感谢《今日神经病学》的编辑费伊·埃利斯，感谢他给我布置了关于这个主题的第一个任务，也感谢他布置的许多其他探索现代神经学这个奇妙世界的任务。三年多以后，费伊和自由撰稿人兼科学记者默里·卡彭特（Murray Carpenter）以及我的朋友莉迪亚·戈鲁伯（Lydia Golub）也对这本书的手稿进行了善意的审阅。

《纽约时报杂志》的伊莱娜·西尔弗曼（Ilena Silverman）负责并编辑了我关于科斯塔研究工作的专题文章，以及后来一篇关于耶吉和博史库尔研究的文章。科斯塔的故事促使威廉·莫里斯奋进娱乐公司（William Morris Endeavor, WME）文学系主任詹妮弗·鲁道夫·沃尔什（Jennifer Rudolph Walsh）主动联系我。经纪人杰伊·曼德尔（Jay Mandel）包容我，他给我关注，给了我作家梦寐以求的对待。WME的每一个人，包括特雷西·费舍尔（Tracy Fisher）、丽齐·汤普森（Lizzie Thompson）、朱丽安·沃姆（Julianne Wurm）和独一无二的阿里·伊曼纽尔（Ari Emanuel），都非常棒。

哈德逊街出版社主编卡罗琳·萨顿（Caroline Sutton）告诉我，她知道这本书值得被写出来。她的激情、专注和智慧一直激励着我。

《探索》杂志的帕梅拉·温特劳布（Pamela Weintraub）让我写一篇关于尼古丁的文章，我在第五章中讲述了尼古丁作为一种认知增强剂使用的情况。她是我认识的最好的科学编辑之一。

在写作这本书的过程中，我还打搅了很多研究人员，他们都值得我的感谢。特别是苏珊·耶古和马丁·博史库尔，他们不仅同意在我的认知训练项目前后测试我的流体智力，还容忍了我一次又一次的参观，一次又一次的采访，无论是通过电话、面对面交流，还是通过电子邮件；还有乔治亚理工学院的兰迪·恩格尔，我真的很喜欢和尊敬他，尽管我不赞同他对这个领域的负面看法。华盛顿大学的迈克·科尔和托德·布拉维尔花费了时间和成本，在我训练前后对我的大脑进行功能性磁共振成像扫描。哈佛大学的费利佩·弗莱格尼同意给我做三个疗程的经颅直流电刺激。琳达·弗雷德森（Linda Gottfredson）邀请我参加国际智力研究者协会的年会。马里兰州贝塞斯达沃尔特·里德国家军事医学中心的大脑健康中心主任凯特·沙利文（Kate Sullivan）和创伤性脑损伤中心主任路易斯·弗兰奇（Louis French）允许我去看望他们的病人。海军研究办公室的哈罗德·霍金斯，让我能够参加他的受资助者的特别会议，这在本书第十章有所描述。我还要感谢所有那些名字没有出现在这本书中的研究者，他们与我交谈，把研究成果寄给我，并在其他方面帮助我掌握了这个极其困难的课题。

我很遗憾没能在本书中找到一个位置，把在沃尔特·里德国家军事医学中心与我会面的四名受伤战士的故事写下来——他们与我分享了如何克服脑外伤的感人故事。致美国海军陆战队下士杰西·肯特·弗莱彻（Jessie Kent Fletcher），他在阿富汗失去了双腿，但没有失去勇气；军士长吉尔·韦斯廷（Jill Westeyn）曾在美国空军乐队演奏双簧管，直到一架军用运输机的天花板上挂着的一个钩子砸在她的头上，她通过训练恢复了认知能力，却没有恢复原来的听觉；奥克塔维奥·塔皮亚（Octavio Tapia），美国陆军一等兵，他英勇地克服了脑动静脉畸形的影响；2011年7月3日，时任美国海军陆战队班长的科迪·班克斯（Cody Banks）在阿富汗的萨拉姆巴扎镇遭遇简易爆炸装置袭击，导致脑部受伤，目前仍在努力恢复中。我感谢他们为国家效力，也感谢他们容忍我有窥探性的问题。

我也要感谢米尼·查思林（Mimi Chesslin）和已故的查尔

斯·费杰尔逊（Charles Feigelson），他们是我儿时的朋友费格尔森的父母。回忆起20世纪60年代，当我成长的时候，他们总是让我觉得在他们家里很受欢迎。客厅桌上的大理石棋盘，挂在墙上的莫迪利亚尼版画，留声机上演奏的贝多芬作品，以及书架上摆放的书籍，对我从一个"迟钝的学习者"转变为职业作家产生了不可估量的影响。

  这本书的大部分内容，要么是在纽约公共图书馆主要分馆——宏伟的玫瑰主阅览室里写的，要么是在其内部的密室300房间写的，房间布置有瓦拉赫家族捐赠的艺术品、版画和照片。我感谢那里的图书管理员和警卫帮助我拓展了思维空间。

  最后，像往常一样，感谢我在缅因州和佛罗里达州的家人；致我的朋友们；致我美丽、才华横溢、和蔼可亲的妻子爱丽丝，她与我分享了20多年来自由撰稿记者生涯中的兴奋与绝望；献给我们可爱的女儿安妮，她的力量和聪颖使我赞叹不已。爱你们，谢谢。

© 民主与建设出版社，2022

图书在版编目（CIP）数据

我的100天大脑升级计划：让你更聪明的科学新发现/（美）丹·赫尔利著；汪晓波，裴虹博译. -- 北京：民主与建设出版社，2022.10

书名原文：Smarter: The New Science of Building Brain Power

ISBN 978-7-5139-3992-8

Ⅰ.①我… Ⅱ.①丹… ②汪… ③裴… Ⅲ.①智力开发 Ⅳ.①G421

中国版本图书馆CIP数据核字（2022）第190784号

Smarter: The New Science of Building Brain Power by Dan Hurley
Copyright © 2017 by Dan Hurley All Rights Reserved.
This translation published by arrangement with William Morris Endeavor Entertainment, LLC through Andrew Nurnberg Associates International Limited., London,UK.
Simplified Chinese edition copyright © 2022 Ginkgo (Beijing) Book Co., Ltd.
All Rights Reserved.

中文简体版权归属于银杏树下（北京）图书有限责任公司。

版权登记号：01-2022-6553

我的100天大脑升级计划：让你更聪明的科学新发现
WODE 100TIAN DANAO SHENGJI JIHUA RANG NI GENG CONGMING DE KEXUE XINFAXIAN

著　者	［美］丹·赫尔利	译　者	汪晓波　裴虹博
出版统筹	吴兴元	责任编辑	郝　平
特约编辑	王晓辉	营销推广	ONEBOOK
装帧制造	墨白空间·曾艺豪		
出版发行	民主与建设出版社有限责任公司		
电　话	（010）59417747　59419778		
社　址	北京市海淀区西三环中路10号望海楼E座7层		
邮　编	100142		
印　刷	天津中印联印务有限公司		
版　次	2022年10月第1版		
印　次	2022年12月第1次印刷		
开　本	889毫米×1194毫米　1/32		
印　张	10		
字　数	173千字		
书　号	ISBN 978-7-5139-3992-8		
定　价	58.00元		

注：如有印、装质量问题，请与出版社联系。